KNUT DIERS

HARZLICH willkommen

BRUCKMANN

INHALTSVERZEICHNIS

Ruhig bis reißend – die Bode
hat eines der schönsten Täler
im Norden geschaffen.

Luther ist auf dem Marktplatz von Lutherstadt Eisleben fest verankert.

Im Hexenhaus auf dem Hexentanzplatz oberhalb von Thale steht alles auf dem Kopf.

TOURENKARTEN
zu allen Wanderungen ab S. 160

EINLEITUNG

Es gibt nur einen »Achttausender« im Harz, und der heißt Brocken-Benno. Der Rekordwanderer aus Wernigerode, Jahrgang 1932, hat den Harzgipfel mehr als 8000-mal bestiegen. Einmal war sogar Reinhold Messner dabei, der alle 14 Achttausender als Erster bezwungen hat. Der Brocken ist natürlich flacher. Die 1141 Meter, die der höchste Harzgipfel hoch ist, sind eine Besonderheit. Von tiefen Wolken umgeben, ein Brockengarten mit alpiner Vegetation und eine Herberge mit Hotel sowie ein Nationalparkhaus – so präsentiert sich eines der beliebtesten Ausflugsziele in Deutschland. Ganz so oft war ich noch nicht dort oben, aber es ist jedes Mal anders reizvoll. Neulich stiegen wir wieder von Schierke aus durchs Eckerloch hinauf. Es lag Schnee. Wir hatten Spikes unter den Schuhen, denn die Strecke war vereist. Oben herrschte Eisnebel. Trotzdem tummelten sich an diesem Wochentag dort rund 5000 Menschen. Ein anderes Mal sah ich im Brockengarten die blauen Alpenglöckchen blühen, während dahinter die Schmalspurbahn zur Gipfelstation hochdampfte. Dazu 50 Kilometer Weitblick.

Der Harzgipfel ist in eine waldreiche Landschaft eingebettet.

Als könnte man von hier oben in alle Harzecken hinein-
leuchten, so finden Sie in diesem Buch fünf Kapitel, für jede
Himmelsrichtung und die Brockenumgebung eines. Stöbern
Sie! Erobern Sie die Städte mit ihrem Fachwerkcharme und
Weltkulturerbe! Lassen Sie sich mit Wellness verwöhnen
oder gehen Sie unter Tage! Es gibt Höhlen mit Olmen und
Klöster mit Klang. Es warten Martin Luther, Wilhelm Busch
und Heinrich Steinway. Ich bin für Sie vorausgereist und habe
viele liebevolle Details entdeckt. Schauen Sie unbedingt ins
fast unberührte Siebertal. Auch der kleine Canyon der Bode

bei Thale ist ein Muss. Die Ilse, Innerste und Söse plätschern
dahin. Fichtenduft kitzelt in der Nase. Ein Hirsch röhrt. Entlang
dieser Flüsse zu wandern, entfaltet einen besonderen Reiz.
Die Landschaft wechselt. Atmen Sie tief durch! 20 fußläufige
Appetitmacher habe ich Ihnen in den Kapiteln kurz skizziert.
Jetzt aber los!

Eine erlebnisreiche Zeit im Harz wünscht

Knut Diers

An manchen Tagen herrscht grandiose Fernsicht – wie hier vom Brocken Richtung Norden.

NATUR UND BERGE

Der Blick vom Brocken

An klaren Tagen reicht der Blick vom höchsten Harzgipfel bis zu 50 Kilometer ins Land. Der Brocken wird jedoch oft von Nebel umhüllt und zeigt sich dann mystisch. Schon Heinrich Heine und Johann Wolfgang von Goethe zog er in seinen Bann und sie brachten ihre Gefühle zu Papier. Damals wie heute erleben die vielen Besucher schon beim Aufstieg eine außergewöhnliche Flora. Im alpinen Klima oben auf der baumlosen Kuppe gedeihen Pflanzen, die sonst nur im Hochgebirge wachsen. Gerade schnauft gemütlich die Brockenbahn zum Gipfel. Ach – jetzt fliegen können, das wär's! Von hier oben lässt sich mit Blicken oder gedanklich in alle Richtungen zoomen. Was sich da eröffnet: Wernigerode ist ein architektonisches Schmuckstück, Braunlage mit dem Wurmberg ein Refugium für Outdoorfans. St. Andreasberg mit der Grube Samson und der Sommerrodelbahn bietet sich zum Entdecken an. Schnell noch ein Blick hinüber zum Torfhaus. Und dann der Okerstausee – mit der höchstgelegenen Schifffahrt im ganzen Norden. Ahoi!

DIE ZEHN BESTEN BROCKENBLICKE

HINAUF

1. A36 (alte B6) Richtung Wernigerode, Raststätte Brockenblick

2. Stapelburg

3. Schloss Wernigerode

4. Wurmberg

5. Torfhaus

HINAB

1. Brockenhotel

2. Brockengarten

3. Brockenhaus

4. Von der Brockenbahn aus

5. Wanderweg Brocken – Kleiner Brocken Richtung Norden

Wandern mit Fernblick, hier
auf Ilsenburg und am Fluss Ilse
entlang Richtung Nordosten

Im Brockengarten wachsen Pflanzen aus fast allen Erdteilen. Schilder geben Auskunft.

1 BROCKEN
Der Nebelberg

Es ist ein Gefühl wie auf einem Alpengipfel, das einen befällt. Der Brocken mit seinen 1141 Metern gehört zu den windigsten Orten Deutschlands. Er ist kahl. Also herrscht ein prima Ausblick, könnte der Wanderer denken. Doch an rund 300 Tagen im Jahr wabern Nebelwolken um den höchsten Berg Sachsen-Anhalts. Da ist es besser, sich im National-park-Besucherzentrum Brockenhaus umzuschauen. Dies ist natürlich auch bei Sonnenschein lohnend, denn da wird so viel über den Gipfel erzählt und gezeigt, dass es die reine Lust ist – von der Tierwelt über die seltenen Pflanzen bis zu den Abhöranlagen der Stasi (Staatssicherheit der DDR) von früher. Und der Blick ist oben vom Turm einfach großartig. Wie wäre es mit einem »Hexenflug« als Video? Einfach auf dem Besen Platz nehmen, ihn steuern und schon beginnt der imaginäre Ritt über den Brocken vor einer Bilderkulisse.

Mystisch geht es ohnehin zu. Heinrich Heine war wie Johann Wolfgang von Goethe hier oben. Der Erste verfasste »Die Harzreise«, der Zweite den »Faust«. Doch gut festhalten: Das Brockengespenst gibt es wirklich. Wer es sehen möchte, muss sich mit dem Rücken zur Sonne stellen. Dann fällt der eigene Schatten auf die Wolkenschicht. Es bilden sich bei bestimmten Bedingungen runde Spiegelungen, das Licht bricht sich und vergrößert den Schatten. Ein Naturphänomen.

Also lieber nicht von der eigenen Größe erschrecken lassen, lieber in den Brockengarten gehen. Dort wachsen rund 1500 Arten und meist solche, wie sie sonst nur in den Hochgebirgen der Welt vorkommen. Von den ökologischen Bedingungen her ist das Brockenklima vergleichbar einem alpinen Klima in Höhen zwischen 1700 und 2400 Metern. 1800 Millimeter Niederschlag im Jahr – wobei die Hälfte des Jahres Schnee liegt – tragen dazu bei, dass hier blaue Alpenglöckchen im Wind wippen oder der Ungarische Enzian blüht. Ansonsten hat sich die Brockenanemone auf dunkler Bergheide breitgemacht. Ein hübscher Anblick. Seit 1890 wird

DAS ERHABENE GEFÜHL, WIE IM FLUG ÜBER DIE LANDSCHAFT ZU GLEITEN, STELLT SICH RASCH EIN. DER BROCKEN LÄDT EIN ZUM TRÄUMEN UND DAS BROCKENGEFÜHL IST EINFACH ÜBERWÄLTIGEND.

der botanische Garten dort oben gepflegt, von Mitte Mai bis Mitte Oktober kann er bei Führungen besichtigt werden.

TIPP

Ein besonderes Erlebnis ist eine Nacht im Brockenhotel – gutes Essen, gute Unterhaltung und dazu dieser grandiose Blick über den Harz.

Vom Turmcafé unter der
weißen Radarkugel auf dem
Brockenhotel hat man die
beste Rundumsicht.

Goethe war schon hier und Heinrich Heine natürlich auch, woran dieser Stein erinnert.

2 BROCKEN Mythos und Dichtung

Von »lieblicher Kühle und träumerischem Quellengemurmel« wusste Heinrich Heine zu berichten, als er durch den Harz streifte. Allerliebst schossen seiner Erzählung nach die goldenen Sonnenlichter durch das dichte Tannengrün. »Die Harzreise«, 1824 entstanden und zwei Jahre später veröffentlicht, ist ein Beispiel für eine einfühlsame Beschreibung des nördlichsten deutschen Mittelgebirges. Und das Verblüffende: Wir können heute das alles noch nachvollziehen. Der Harz hat seine Schönheit erhalten.

Schon vorher war Goethe des Wegs gekommen. Er war Ende November 1777 von Süden her in den Harz geritten und hatte zunächst im Rübeland gestoppt, um sich die Baumannshöhle anzusehen. Er war weiter nach Goslar geritten und hatte den Rammelsberg besucht. Sein Tagebuch offenbart dann am 10. Dezember den Höhepunkt: »Früh nach dem Torfhause in tiefem Schnee. 1 viertel nach 10 aufgebrochen von da auf den Brocken. Schnee eine Elle tief, der aber trug. 1 viertel nach eins droben. Heiterer herrlicher Augenblick, die ganze Welt in Wolcken und Nebel und oben alles heiter ...« Da hatte der Dichter Glück gehabt, denn an rund 300 Tagen verhüllt der kahle Brocken seinen kühlen Kopf im Dunstschleier. Genau das aber brachte die Harzer schon früh dazu, sagenhafte Geschichten zu erfinden. Sie alle drehen sich um Teufel und Hexen – wie heute noch zur Walpurgisnacht, die in der Nacht zum 1. Mai gefeiert wird. Im Harz finden sich mehrere Erzählstränge, die seinen Mythos bilden. Der Brocken ist der zentrale Schmelztiegel teuflischer Aktivitäten, auch Hexenwerk genannt. In jedem Oberharzer Dorf werden dazu Geschichten aus alter Zeit erzählt. Dann sind es die alten Kaisersagen um Friedrich Barbarossa, Heinrich den Vogler und Heinrich IV. Sie verklären das Bild der Herrscher.

WAS DIE DICHTER EINST INSPIRIERTE, KÖNNEN WIR HEUTE NOCH NACHERLEBEN. DER MYTHOS DES HARZES SPEIST SICH AUS DREI QUELLEN: UNTERIRDISCH MIT BERGGEISTERN, ÜBERIRDISCH DURCH TEUFELSWERK SOWIE IRDISCH DURCH KAISERSAGEN.

Der dritte Strang kommt aus der Tiefe, der Welt der Bergleute. Es sind Zwerge und Berggeister, die zu den Männern in der Tiefe sprachen. Es war wohl eine Möglichkeit, sich den Grusel in der Tiefe zu vertreiben.

TIPP

Ein Erlebnis vor magischer Kulisse ist das Höhlentheater in der Baumannshöhle in Rübeland.

WERNIGERODE
Die Schöne

Wernigerode ist der meistbesuchte Harzort. Das liegt am Flair der Altstadt, den hübschen Cafés und Restaurants sowie der Nähe zum Brocken.

Auf der Breiten Straße sind viele kleine Läden mit regionalen Produkten zu finden.

3 RATHAUS

Inmitten der wunderschönen Fachwerkinnenstadt liegt der Marktplatz. Wer sich dort umschaut, erkennt schnell die prächtige Fassade des Rathauses. Es ist das Schmuckstück von Wernigerode und ein begehrtes Fotomotiv. Als Spiel- und Gerichtshaus wurde es schon 1277 erwähnt. Dann wurden 1497 die zwei schlanken Fachwerktürme, die auf Balken ruhen, davorgesetzt. Als später halb Wernigerode im Stadtbrand ausgelöscht wurde, kaufte die Verwaltung das Gebäude und seitdem wird es als Rathaus genutzt. Am besten ist es, sich zunächst die Fassade von Weitem zu besehen, sie auf sich wirken zu lassen. Dann sind die geschnitzten Figuren an Geschoss- und Dachüberständen eine nähere Betrachtung wert. Es gilt zu Recht als eines der schönsten Rathäuser Europas.

TIPP

Der Westturm der Liebfrauenkirche in der Burgstraße bietet einen herrlichen Blick über die Stadt und hinauf zum Brocken.

4 SCHLOSS

Wer Otto Graf von Stolberg-Wernigerode, geboren 1837, noch nicht kennt, kann sich im Museum des Schlosses näher mit ihm befassen. Er war Mitbegründer des Deutschen Roten Kreuzes und kein Träumer wie Ludwig II. von Bayern. Der Graf legte einen Musterstaat an. Er ließ Arbeiterwohnungen bauen, die bezahlbar waren. Sonntags durfte nicht mehr gearbeitet werden. Es gab eine Spar- und Krankenkasse, Kuren und Lohnfortzahlung bei Krankheit. Zudem betrieb seine Familie die Ilsenburger Hütte und brachte Kunstdünger aus, sodass sich die Erträge auf seinen Ländereien verdoppelten. Den Architekten, Gartengestalter und Maler Carl Frühling aus Blankenburg beauftragte der Graf schließlich damit, die alte Ritterburg von 1213 zu einer Mischung aus norddeutschem Versailles und französischem Dom ausbauen. Immerhin war sie der Stammsitz seines Geschlechts. 1862 ging der Umbau los und dauerte zum Leidwesen seiner Frau Anna Reuß 23 Jahre. Das Leben auf einer Baustelle hatte sie zu verkraften, der Graf war viel auf Reisen. Doch dann war das gute Stück mit vier Treppentürmen, zehn Wendeltreppen, 31 Räumen für Diener und Verwalter sowie 59 Wohn-, Gast- sowie Repräsentationsräumen ein Prunkstück. Eine Besichtigung der Burg ist lohnenswert.

Das Rathaus von Wernigerode gehört zu den schönsten in ganz Deutschland.

Im Schloss Wernigerode ist viel über Graf Otto und sein soziales Engagement zu erfahren.

Endlich auf Augenhöhe: Der
Miniaturenpark ist (nicht nur)
für Kinder ideal.

WERNIGERODE
Das Vielerlei

Der Harz in Miniaturen, Kunst aus dem Mittelgebirge, ein kleines Haus für eine große Familie und dann dieses Museum für Luftfahrt und Technik – all das begeistert und reizt die Sinne höchst unterschiedlich.

Die Transall auf dem Dach
mit der Riesenrutsche ist die
neueste Attraktion.

H1

LUFT*FAHRT*MUSEUM

5 HARZMUSEUM

Wenn auch die Wernigeroder Künstlerkolonie nicht so bekannt ist wie jene von Worpswede, so finden sich hier doch sehr ansehnliche Malereien und Grafiken. Zudem werden die Geschichte der Stadt, der Bergbau sowie die Flora und Fauna der Umgebung sehr anschaulich präsentiert. Sonderausstellungen runden das Besuchserlebnis ab.

6 KLEINSTES HAUS

Wie sich eine Familie in dem 2,95 Meter breiten Haus und dem 9 Quadratmeter großen Hauptraum aufhalten soll, ist Betrachtern ein Rätsel. Doch wurde hier 1792 in der Kochstr. 43 eine Baulücke gefüllt, mit wenig Geld und viel Liebe zum Detail. Immerhin fand eine neunköpfige Familie Platz. Wer es betritt, um die Ausstellung über das Wohnen früher zu besichtigen, muss erst einmal den Kopf einziehen.

7 LUFTFAHRTMUSEUM

Die Düsenflugzeuge des Kalten Krieges aus Ost und West stehen hier friedlich nebeneinander. Der größte »Vogel« ist eine Transall der Bundeswehr, und auch die legendäre Messerschmidt Bf 109 ist zu sehen. Sich die mehr als 50 Flugobjekte und rund 1000 Exponate zum Thema Luftfahrt anzuschauen, kann etwas Zeit in Anspruch nehmen, aber es lohnt sich. Der Flugsimulator wartet schon, und zum Schluss die CafetAIRia.
www.luftfahrtmuseum-wernigerode.de

8 MINIATURENPARK »KLEINER HARZ«

Schneller als hier lässt sich der Harz nicht kennenlernen. Von der Kaiserpfalz in Goslar über den Dom von Halberstadt bis zum Schloss in Wernigerode ist hier alles im Maßstab 1:25 nachgebaut. Mehr als 50 Miniatursehenswürdigkeiten in verblüffender Optik zieren den Miniaturenpark in Wernigerode. Von Ostern bis November ist er für Familien das ganz große Kino.

Das Harzmuseum (1) und das Kleinste Haus (2) gehören zum Stadtbummel dczu.

TIPP

Das Schiefe Haus in der Klintgasse neigt sich sieben Prozent und ist damit schiefer als der berühmte Turm von Pisa. Ein Museum mit Galerie ist darin untergebracht.

Bitte volltanken: Rund 8000 Liter Wasser werden bei einer Brockenfahrt verdampft. Mehr als eine Tonne Kohle gehört auch dazu.

Bitte einsteigen: Zischend und pfeifend geht es zum Gipfel hinauf.

Gleis 4

Harzer Schmalspurbahnen GmbH

Brocken haus

FAUST
DIE ROCKOPER AU

Durch die Winterlandschaft zum Brocken hinauf – ein romantisches Erlebnis wie aus alten Tagen.

9 HARZQUERBAHN: SCHALL UND RAUCH

Nostalgie für alle Sinne

900 Höhenmeter legt die Lok mit den Waggons auf ihrer schnaufenden Tour von Wernigerode hinauf zum Brocken zurück. Zum Blumenpflücken ist keine Zeit, denn die Bahn ist dafür zu schnell. Für die Insassen ist es pure Freude. Der Zug zuckelt durch Bergwälder, quert Straßen und Bäche. Bis zu sieben Waggons zieht die 60 Tonnen schwere Lok. Das kostet Kraft. Die Nostalgie ist hier tatsächlich an den Pfeiftönen zu hören und am Dampf auch zu riechen. Anderthalb bis zwei Tonnen brennende Steinkohle machen auf der Tour den Kessel heiß. Es qualmt und dampft. 8000 Liter Wasser werden dabei im Laufe der 33 Kilometer langen Fahrt erhitzt und als Wölkchen gen Himmel entsandt. Ein gern fotografiertes Motiv aus Rauchschwaden, schwarzer Lok, rot-weißen Waggons und grünem Wald entsteht.

Die Annalen einer der letzten Schmalspurbahnen in einem deutschen Mittelgebirge verraten: Seit dem 27. Mai 1896 liegt die Konzession für den Betrieb der Harzquerbahn vor – von Nordhausen nach Wernigerode mit Abzweig zum Brocken. Rund ein Jahr später ist der erste Abschnitt von Nordhausen bis Ilfeld in Betrieb, 1899 bis zum Brocken hinauf. Nach einer Pause zur Zeit der sowjetischen Besatzung nach dem Zweiten Weltkrieg fährt die Harzquerbahn seit 1993 wieder.

Für Brockenbesucher ist die altertümliche Art der Anreise äußerst begehrt. Viele nutzen auch nur Teilabschnitte und wandern. Andere fahren hinauf und wandern wieder zu Tal.

Viel genutzt ist das gesamte Schienennetz von 140,4 Kilometern. Es ist das längste zusammenhängende Netz mit fahrplanmäßigem Dampfzugverkehr in Deutschland. So lassen sich über die angeschlossene Selketalbahn auch Quedlinburg, Harzgerode, Hasselfelde, Stiege oder die Eisfelder Talmühle erreichen. 25 Dampfloks sind im Einsatz. Es gibt Sonderfahrten und Fotosafaris. Ehrenlokführer werden in Kursen ausgebildet. Das Bahnbetriebswerk in Wernigerode ist zu besichtigen, wobei Bahnfreunde meist leuchtende Augen bekommen. Was hier an »heavy metal« zu sehen ist, hat Seltenheitswert. Da sind noch uralte, passgenaue Werkzeuge in Betrieb, werden Kessel abgeschlammt, sind Schweißer im Einsatz. Die Harzer Schmalspurbahnen sind ein lebendiges und eisenhartes Stück Vergangenheit, das den Harzbesuch unvergesslich macht.

TIPP

Die Rockoper »Faust« auf dem Brocken zu erleben, im höchstgelegenen Bühnenhaus Deutschlands, ist ein Genuss.

Malerisch erhebt sich das
Hotel und Gasthaus über der
Holtemme – der Ausblick von
innen und außen ist herrlich.

In immer wieder neuen kleinen Wasserläufen rauscht die Holtemme zu Tal.

10 STEINERNE RENNE

Im Bann der Holtemme

Es gluckst und rauscht. Die Holtemme ist nur ein Flüsschen, doch sie macht auf sich aufmerksam. Das rund 2,5 Kilometer lange Tal westlich von Wernigerode ist ein malerisches Naturdenkmal. Es wird gekrönt von einem Gasthaus und Hotel, das auch »Steinerne Renne« heißt. Wer dort am Fenster zum Fluss Platz nimmt, kann das Wasser fließen sehen. Dazu lassen sich Harzer Forelle, Rehrücken oder ein Kuchen genießen. Es ist ein Platz für alle, die den Naturblick mit kulinarischem Genuss verbinden möchten.

Dies hat sogar Tradition, denn die ältesten Postkarten von 1850 zeigen, wie schon damals Harztouristen die Holtemme als Wegweiser nutzten. Sie stiegen hinauf Richtung Brocken und standen wie angewurzelt rechts und links des Flüsschens, um sich von Kunstmalern porträtieren zu lassen. Wo sich heute der Gasthof befindet, stand schon 1869 eine Blockhütte. Besonders schön ist der Blick übrigens von der Holzbrücke am Gasthof. Dort steht man über dem rauschenden Fluss und blickt ihm hinterher. Ein grandioses Gefühl von Leichtigkeit stellt sich ein. Das ist Harz pur.

TIPP

Der rund zwei Kilometer entfernte Ottofelsen ist ein gut erreichbares Ziel.

ZUM WANDERN IST DIE STEINERNE RENNE DIE ERSTE ADRESSE: ETWA EINE STUNDE FUßMARSCH WESTLICH VON WERNIGERODE GEHT ES VON HIER AUS IN VIELE RICHTUNGEN, UND AUCH HINAUF ZUM BROCKEN.

SCHIERKE UND ELEND
Nahe am Brocken

Lang gestreckt am Fluss schmiegt sich Schierke im Hochtal. Über den Eckerlochstieg geht es zum Brocken hinauf – ein idyllischer Weg. Elend hat die kleinste Holzkirche zu bieten sowie absolute Ruhe.

Die kleinste Holzkirche Deutschlands ist ein Kleinod – bitte eintreten.

11 SCHIERKE

Letztes Dorf vor dem Brocken – so könnte sich der Luftkurort nennen. Doch das klänge irgendwie abwertend. Auf 600 Meter Höhe gelegen, ist dies dennoch der ideale Ausgangspunkt für Brockenstürmer. Es ist der kürzeste Weg, von hier aus die etwa zwei Stunden Anstieg hinauf zum höchsten Harzgipfel zu gehen. Vermutlich, weil in Schierke mit seinen ca. 1300 Millimetern Niederschlag im Jahr und nur 5,3 Grad Jahresdurchschnittstemperatur schon immer genug Schnee im Winter lag, erhielt es Ende des 19. Jahrhunderts das Etikett »St. Moritz des Nordens«. Das ist natürlich übertrieben, zumal es hier beim Skilauf wenig mondän zugeht. Das ist ja das Schöne. Der Weg hinauf führt an der Kalten Bode entlang. Der Fluss sucht sich seinen Weg durch Moose und über Zweige hinweg. Hier eine Brücke, da ein Stieg – es ist ein idyllischer Weg. Dann wandern wir über den Eckerlochstieg zum Eckerloch. Große Gesteinsbrocken stehen in der Hanglandschaft. Bäume sind umgefallen. Im Nationalpark bleiben sie liegen, denn so ist es vorgesehen. Im Wald aufgeräumt wird weiter unten. Zischend und dampfend stampft eine Lok der Harzquerbahn vorbei. Die Fahrgäste winken. Bald sehen wir uns wieder. Es ist für die Wanderer nur noch eine gute halbe Stunde bis zum Brocken.

12 ELEND

Das kleine Dorf mit seinen rund 400 Einwohnern schmiegt sich südlich an den Hohnekamm. In Elend steht die kleinste Holzkirche Deutschlands, gerade einmal fünf mal elf Meter Fläche umfasst sie. Von außen strahlt sie weiß. Davor zu sitzen vermittelt den Eindruck von Ruhe. Schon Goethe kam hier 1777 vorbei und sammelte Eindrücke für seinen »Faust I«. Seit 2010 gehört Elend zusammen mit Sorge, Stiege und Tanne sowie sechs weiteren Orten zur Stadt Oberharz am Brocken.

TIPP

Schierke ist ein beliebter Anlaufpunkt bei den Walpurgisfeiern in der Nacht zum 1. Mai: Hexen und Teufel geben hier ihr Stelldichein.

Der Wanderweg von Schierke
aus zum Brocken führt über
Brücken und an Felsen vorbei.

BRAUNLAGE
Das Sommer- und Winterideal

Zu jeder Jahreszeit ist Braunlage Anlaufpunkt für Harzfreunde. Von Tradition bis Moderne, von Outdoor- bis Restaurantqualität ist alles da.

Einlochen beim Adventure-Golf macht der ganzen Familie Spaß.

13 HEIMAT- UND FIS-SKIMUSEUM

Wer noch nicht wusste, dass 1892 der Braunlager Oberförster Arthur Ulrichs in Braunlage den ersten deutschen Skiverein gründete, kann hier noch viel Neues erfahren. Es sind herrliche Skier und Schlitten von damals zu sehen. Auch Relikte des alten Bahnhofs im Ort sind hier untergebracht. Es geht in den Ausstellungsräumen auch um das nicht ganz einfache Leben in früheren Jahrhunderten im Harz. Dazu erzählt die Museumsleiterin herzergreifende Geschichten. Also nicht verpassen!

TIPP

Adventure-Golf lässt sich mitten im Ort Braunlage spielen (Harzburger Straße 29). Ein Spaß für Groß und Klein auf 14 Bahnen.

14 EISSTADION

Ob die »Harzer Falken« im Eishockey gerade Unterstützung brauchen? Die Gäste jubeln ihnen zu. Ausgelassene Stimmung gibt es auch bei der Eisdisco. Da wird nach Musik frei getanzt – auf Kufen, versteht sich. Hier hat schon so manche Eisprinzessin ihren Eisprinzen gefunden. Wer Lust auf Schlittschuhlauf oder Eisstockschießen hat, ist hier ohnehin richtig. Für alle, die nur zuschauen wollen: Das Café im Eisstadion bietet freien Blick auf die glatten, weißen Flächen unten. So haben die Nichteisläufer die anderen ständig im Visier.

Seit wann Braunlage Zentrum des Skilaufens ist, wird im Heimat und FIS Skimuseum anschaulich beleuchtet.

Hier ein paar Runden auf dem glatten Eis zu drehen, macht Freude.

Die Berg-Erlebniswelt oben auf
dem Wurmberg ist im Sommer
für Kinder ein großer Spaß.

Im Winter ist der Wurmberg begehrt – Abfahrtsski ist in Norddeutschland sonst kaum möglich.

15 WURMBERG Das Ski- und Wanderzentrum

Hinauf mit der Seilbahn, hinab wandern und einkehren auf halber Höhe im Rodelhaus bei Slow Food. Das ist das Erlebnispaket im Winter zum Skifahren (alpin und Langlauf) sowie im Sommer zum Wandern. Der Wurmberg bietet beste Rundumsicht und vor allem einen einmaligen Blick hinüber zum großen Bruder, dem Brocken. Wenn dann die Harzquerbahn drüben am Brocken durch den Wald und oberhalb der Baumgrenze dahinrattert, ergeben sich malerische Motive für Fotografen. Die Berg-Erlebniswelt Wurmberg ist dann das Richtige für kleine Spielabenteuer. Um die Winterfreuden zu genießen, sind genügend Schneekanonen installiert. So ist die Pracht in Weiß an vielen Tagen in der kalten Jahreszeit garantiert. Doch auch ohne Bretter ist der Wurmberg ein Erlebnis. Die Winterwanderwege sind ein Hochgenuss inmitten der Tannen. Im Sommer wartet zudem noch der Bikepark Braunlage.

DER WURMBERG IST WANDERERS LIEBLING. DAS LIEGT AN DEN VIELEN VARIANTEN, IHN ZU FUß ODER PER SESSELLIFT ZU ERREICHEN, DEM AUSBLICK ÜBER DIE BERGWELT UND ZUM BROCKEN SOWIE DEN SPIEL- UND SKIMÖGLICHKEITEN.

TIPP

Im Sommer geht es auf Monsterrollern vom Wurmberg zu Tal – ein schnelles Abenteuer mit Naturblick.

ST. ANDREASBERG
Die Bergwerkswelt

Die geniale Fahrkunst für Bergleute ist zu sehen. Und endlich wird einem klar, was Harzer Roller wirklich sind – gelbe Kanarienvögel.

Die Grube Samson zeigt die einmalige Fahrkunst, mit deren Hilfe die Bergleute in die Tiefe und wieder hinauf kamen. Die Kanarienvögel warnten sie vor zu viel Kohlenmonoxid unter Tage.

Glück Auf

16 GRUBE SAMSON MIT KANARIEN

Fast 400 Jahre sind in dem einst tiefsten Bergwerk der Welt Silbererze gefördert worden. Dazu diente eine einmalige Einrichtung: die Fahrkunst. Sie ist noch betriebsbereit und besteht aus vier senkrechten Stangen, die sich zwei Meter auf und ab bewegen. Der Bergmann musste im richtigen Moment umsteigen und gelangte so hinab auf 840 Meter Tiefe oder hinauf. Ein neun Meter hohes Kehrrad von 1820 ist zu bewundern, das verdeutlicht, wie mithilfe von Wasser Pumpen zum Entwässern des Bergwerks bewegt wurden. Das ist Teil des Weltkulturerbes Oberharzer Wasserwirtschaft. Nebenan schauen die Gäste gern ins Harzer-Roller-Museum.

Das ist nicht etwa Käse, sondern es sind gelbe Kanarienvögel. Sie warnten einst die Bergleute vor dem gefährlichen Kohlenmonoxid unter Tage. Hier wurden die zierlichen Vögel gezüchtet. Familien bauten dazu die passenden Transportkästen aus Holz. Es war der Exportschlager schlechthin, der sich bis St. Petersburg und New York ausbreitete – Käfige mit Harzer Rollern drin.

TIPP

Die Sternwarte bietet neue Einsichten in die Weiten des Weltalls.

ST. ANDREASBERG
Spaß am Berg

Sommerrodeln, Mountainbiken und Skifahren im Winter – der Matthias-Schmidt-Berg ist das ideale Terrain für viele Sportarten. Und wer möchte noch etwas über Fledermäuse wissen?

Auf dem Rücken im Schnee – die Blicke in den Himmel über dem Harz gerichtet.

17 SOMMERRODELBAHN

Was für ein Spaß! Mehr als einen halben Kilometer rodelt man bergab. Hinauf auf den Matthias-Schmidt-Berg geht es in Wanderstiefeln oder dank der Doppelsesselbahn auch ganz bequem. Dann setzen sich die Gäste in einen Gleitschlitten aus Kunststoff, und schon rasen sie in einer Trogbahn zu Tal. Der Ausblick ist grandios. Wem es zu schnell wird, der bremst mit einem Hebel an der Seite. Gleich noch mal? »Ja!«, rufen alle. Oben ist noch ein Parcours für Mountainbiker. Im Winter wird hier dann Ski gelaufen, alpin. Es gibt einen Hang zum Üben, denn die Abfahrten sind nicht sehr lang und nicht sehr steil.

TIPP

Filzen will gelernt sein. Es macht Freude, aus Filz kleine Geschenke zu basteln. Im Kurhaus von St. Andreasberg laufen die passenden Kurse.

18 FLEDERMAUSREICH

Im Nationalparkhaus startet an Mitmachstationen eine Entdeckungsreise in die Dunkelheit. Dort nämlich fühlen sich die Fledermäuse wohl, um deren Leben es sich hier dreht. Hängen schon die Kinder der Tiere kopfüber? Wie finden die fliegenden Säugetiere ihren Weg? Ist Ultraschall die Lösung – und wie funktioniert die Echoortung? Es sind Dioramen, Filmbeiträge, Mitmach-Stationen und Hörgeschichten, die Spannung erzeugen. Dazu gibt es 100 000 Jahre alte Fledermausknochen aus der Einhornhöhle bei Scharzfeld zu bewundern (siehe 123). Was für ein Familienspaß und das bei freiem Eintritt.

Mit Schwung hinab – die
Sommerrodelbahn ist die
große Attraktion am Matthias-
Schmidt-Berg.

ALTENAU-SCHULENBERG
Schiff ahoi!

Die Schiffsreise auf dem höchsten See Norddeutschlands ist ein Erlebnis. Dann der Blick von Torfhaus zum Brocken – eine der schönsten Stellen, sich im Harz umzusehen.

In der Pagode wird verraten, wie die Gewürze aus dem fernen Osten zu uns kamen.

19 OKERSTAUSEE

Wer erwartet schon, mitten in den Bergen ein Schiff zu besteigen. In Schulenburg ist das möglich, denn der Okerstausee bietet dazu ein passendes Revier. Eine Rundtour bei Kaffee und Kuchen ist ideal. Es gibt wunderbare Ausblicke und Unterhaltung an Bord. Immerhin fährt in ganz Norddeutschland kein Schiff auf höherem Niveau: Es sind fast 420 Meter über dem Meeresspiegel. Anschließend geht es westlich des Schiffsanlegers Schulenberg entlang des Ufers auf einen kleinen Spazierweg mit Blick auf die Ravensklippen (siehe 24).

TIPP
Für Freunde des Downhillracings ist der Bikepark in Schulenberg ein Muss.

20 KRÄUTERPARK

Nicht nur Kräuterliebhaber lieben diesen Platz. Hier kann jeder, der auch nur etwas für Pflanzen übrig hat, fündig werden. Die Heilkräfte der Natur gedeihen hier. Es riecht nach Lavendel, Koriander oder Minze. Im Laden am Ausgang sind Hunderte von Gewürzmischungen zu kaufen sowie Öle und Liköre aus Kräutern. Was für ein Genuss ist aber die Pagode. Dort gehen die Gäste auf eine Reise in den Fernen Osten, woher viele Gewürze kommen. Es ist ein für den Harz einmaliges Erlebnis!

Ein Schiff wird kommen – in den Bergen ist das allerdings recht ungewöhnlich.

TORFHAUS

Zwischen Bad Harzburg und Braunlage ist diese Ortschaft der Start für viele Outdooraktivitäten zu jeder Jahreszeit. Die Luft ist erstklassig. Der Blick reicht weit. Nichts wie los in die Natur!

21 TORFHAUS

Von hier ist einer der besten (und am einfachsten per Auto zu erreichenden) Brockenblicke möglich. Torfhaus ist mit 800 Metern die höchste Siedlung Niedersachsens. Seit ein paar Jahren sind dort urige Lokale und ein rustikal-modernes Ferienhausresort zu finden. Im Winter tummeln sich Rodler. Langläufer starten von dort zu ihren Runden, und auch für Alpinskifahrer gibt es eine Abfahrtspiste. Vor 400 Jahren wurde tatsächlich Torf abgebaut, woher der Name stammt. Ein Höhepunkt ist das Nationalpark-Besucherzentrum. Wer hier durchgeht, nimmt so viel Wissen über seine augenblickliche Umgebung auf, das ist großartig und sehr gut gemacht. Nicht verpassen: die Steinkugeln hinter dem Haus in Richtung Brocken!

TIPP

Die Bavaria Alm ist ein Stück Süden im Norden – kurios und unterhaltsam.

Hinsetzen, die Landschaft genießen und tief durchatmen – von Torfhaus aus geht es durch Moor und Wald.

WANDERUNGEN FÜR …

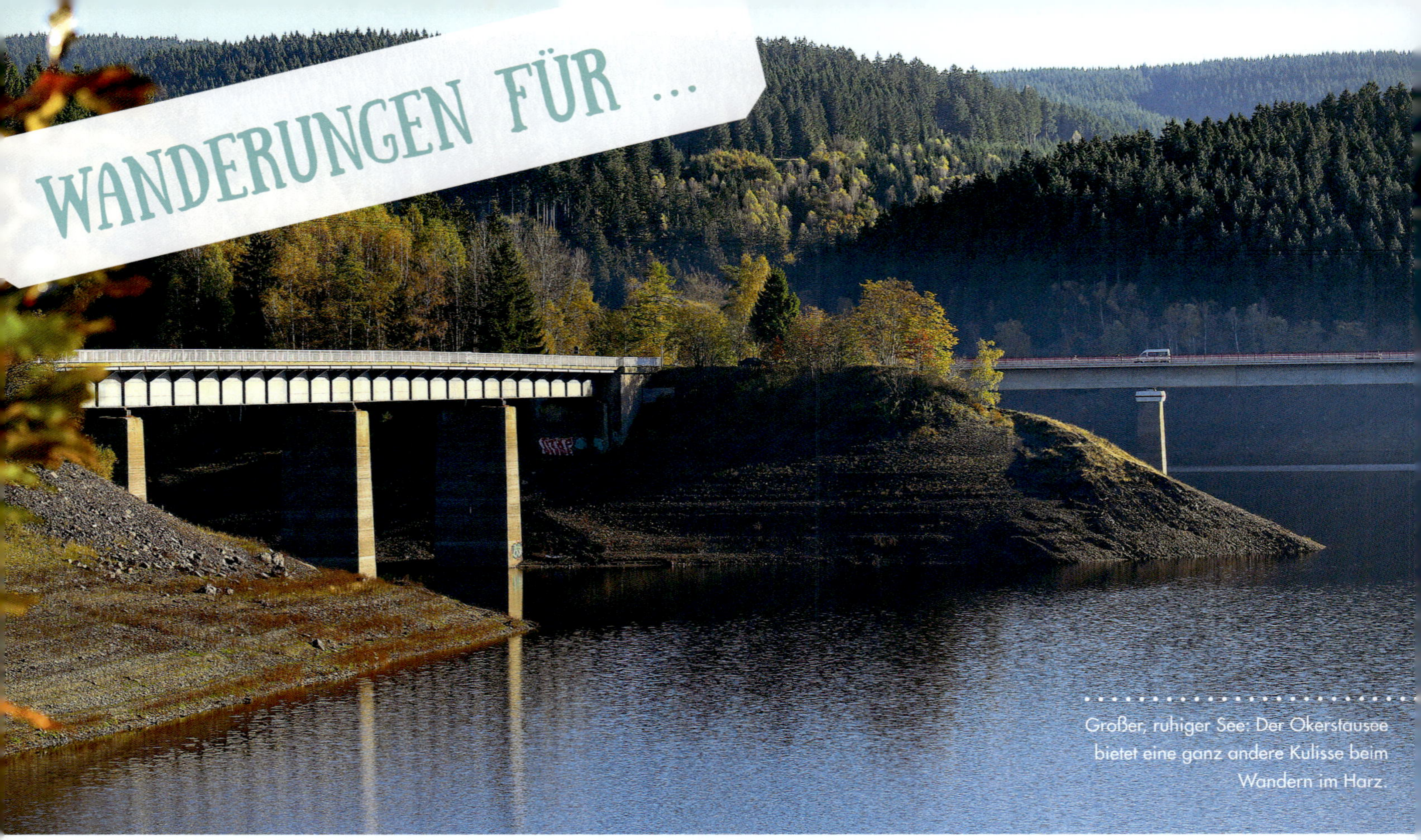

Großer, ruhiger See: Der Okerstausee bietet eine ganz andere Kulisse beim Wandern im Harz.

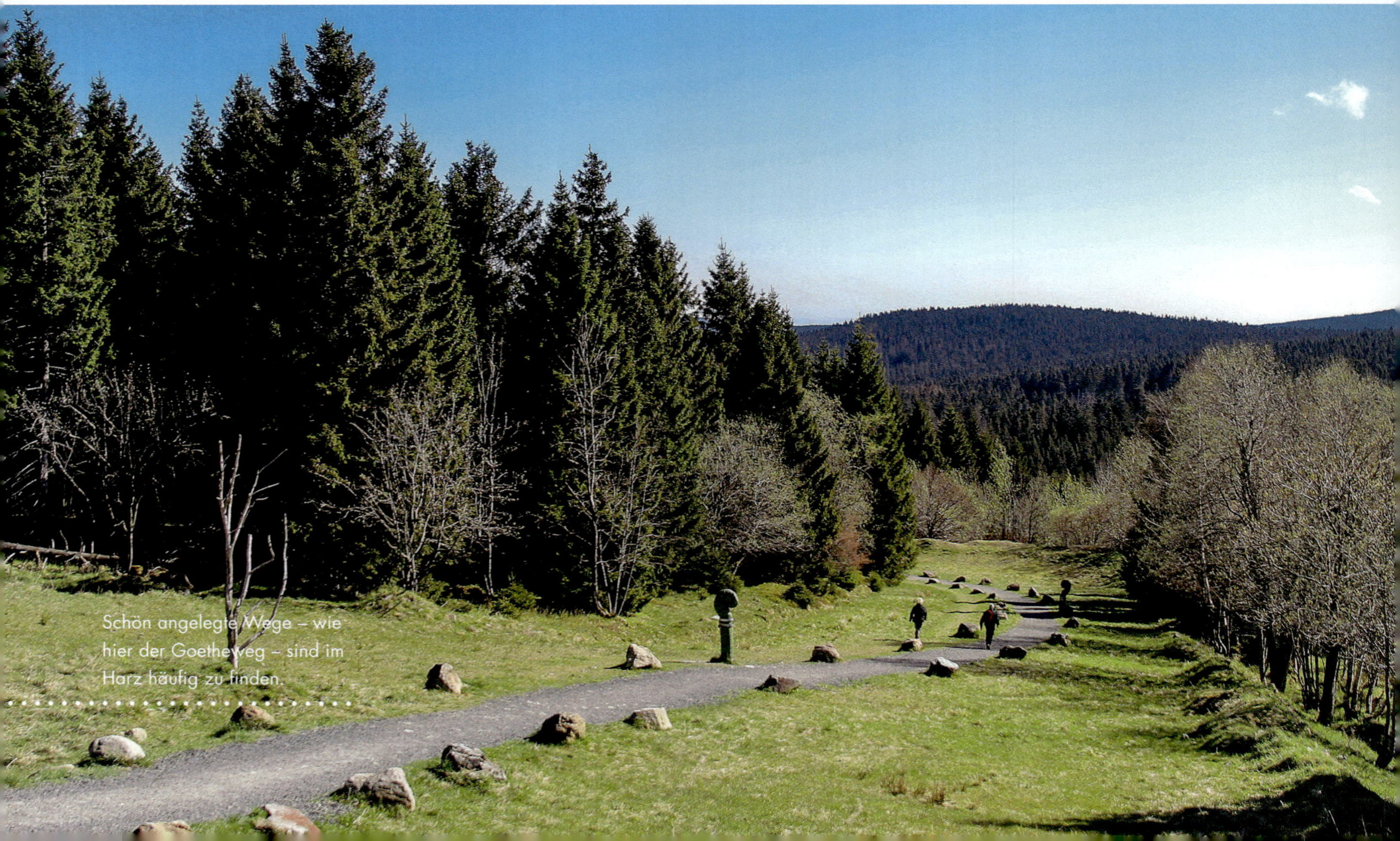

Schön angelegte Wege – wie hier der Goetheweg – sind im Harz häufig zu finden.

22 KLASSIKER: Goetheweg Torfhaus – Brocken

Drei Stunden bergauf sind etwas anstrengend, aber äußerst lohnend. Nach einem gemächlichen Start in Torfhaus geht es durchs Große Torfhausmoor und den Wald. Die weiße Brockenhexe weist den Weg (als Symbol auf den Schildern). Die neun Kilometer lange Strecke führt zum Gipfel. Zwar trifft am Bahnhof »Goetheweg« der Wanderer auf die Harzquerbahn, aber hier ist leider kein Halt vorgesehen. Also geht er – mit vermutlich vielen anderen zusammen – hinauf zum größten Brocken des Harzes, auf 1141 Meter. Immer wieder lohnt es sich, sich umzuschauen und den Weitblick zu genießen. Tipp: Früh losgehen. Auf dem Rückweg nach Torfhaus kann man ab der Schutzhütte Eckersprung noch einen Schlenker nach Norden einbauen.

23 INDIVIDUALISTEN:

Achtermann von Braunlage aus

Hier sind meist Einheimische unterwegs. Der Achtermann wird oft unterschätzt, er ist aber einer der schönsten Berge und der höchste im Westen: 926 Meter ist er hoch. Von Braunlage hält man sich nach Norden, am Eisstadion entlang, dann ist die Warme Bode das Ziel. Sie fließt rechts vom Weg. An der Bärenbrücke gilt es, im steilen Winkel nach links abzubiegen, bald wieder rechts. 35 H heißt der Weg, und dieser führt über 35 L zur Achtermannshöhe. Als Rückstrecke empfiehlt sich 31 J zum Königskrug und dann auf dem »Weg deutscher Kaiser und Könige« zurück nach Braunlage (etwa zwölf Kilometer).

Ob Brocken (1) oder Achtermann (2): Ganz oben zu sein, ist ein schönes Gefühl.

24 SEE- UND SEHLEUTE:

Am Okerstausee entlang

Die Wanderung führt westlich des Schiffsanlegers Schulenberg am Okerstausee entlang. Nach zwei Kilometern beginnt der Anstieg auf die Ravensklippen mit rund 511 Metern. Über den Berg geht es erneut zum Tiefpunkt der Runde am südlichsten Fleckchen. Dann wieder auf einen gemächlichen Höhenweg Richtung Norden zurück zum Ausgangspunkt. Es sind nicht mehr als 5,2 Kilometer Wegstrecke.

25 PILGER: Von Wernigerode nach Elbingerode

Dieser rund zehn Kilometer lange Abschnitt von Wernigerode nach Süden durch die Wälder bis Elbingerode gehört zum Pilgerweg Via Romea. Es geht insgesamt ganz geruhsam hinauf zur Hochebene auf 511 Meter. Der Pilgerweg beginnt in Stade bei Hamburg und führt 1900 Kilometer bis nach Rom. Dieser Abschnitt im Harz ist einfach zu bewältigen und gehört zu den schönsten in den Mittelgebirgen.

TOURENKARTEN

zu allen Wanderungen ab S. 160

Alte Fachwerkgassen, wie hier in Goslar, setzen im Harz herrliche Akzente.

FACHWERK UND DOME
Der Norden

Weltkultur zwischen Tannen — was für eine Freude! Da ist zunächst Goslar mit der Kaiserpfalz, der Altstadt und dem Besucherbergwerk Rammelsberg — alles feinstes Weltkulturerbe. Darf es etwas mehr Natur sein? Gern, flugs führt die Reise zum Baumwipfelpfad und Luchsschaugehege in Bad Harzburg. Das sind echte Highlights im Harz. Dann gern noch eine Dosis Kultur? Zwei Domstädte öffnen ihre Pforten. Halberstadt ist eine davon, herrlich anzuschauen und von großer Würde. Daneben zeigt das kleine europaweit bekannte Schachdorf Ströbeck, wie sich mit diesem königlichen Spiel Besucher anziehen lassen. Dann aber ist Quedlinburg als größte Fachwerkstadt Deutschlands ein weiterer Quell der Freude. Es sind nicht nur die romantischen Eindrücke rund um den Marktplatz und in den Hinterhöfen, die einen faszinieren, es sind außerdem der Dom auf dem Schlossberg und die Vielzahl der Museen und Galerien. Von Lyonel Feininger über Friedrich Gottlieb Klopstock bis zum Fachwerkmuseum sind es kulturelle Leuchttürme, die auf ihre Gäste warten.

DIE ZEHN ÜBERRASCHENDSTEN HARZER PERSÖNLICHKEITEN IN DIESEM KAPITEL:

1. Lyonel Feininger
2. Gottlieb Klopstock
3. Karl der Große
4. Heinrich III.
5. Cosmas und Damian

6. Henry Moore
7. Christo
8. Georg Baselitz
9. Ferdinand Heine
10. Johann Wilhelm Ludwig Gleim

Goslar, das ist Weltkultur zum Anfassen. Die mächtige Kaiserpfalz durchschreiten und mit der Grubenbahn ins Erzbergwerk Rammelsberg einfahren – eine der größten und ältesten Bergbauregionen Europas pulsiert noch.

Wer in der Grubenbahn in den Stollen fährt, erlebt ein wenig das Gefühl, das Bergleute früher hatten.

26 KAISERPFALZ

Wer sich die großen Wandgemälde im Kaisersaal anschaut, findet 700 Quadratmeter pure Geschichte. Das ist deshalb spannend, weil zum einen figürlich sowohl der Sieg Karls des Großen über die Sachsen als auch die Reichsgründung 1871 dargestellt sind. Zum anderen spürt man den Zeitgeist Ende des 19. Jahrhunderts, als der Düsseldorfer Künstler Hermann Wislicenus zum Pinsel griff. Über zwei Jahrhunderte war die Kaiserpfalz das wichtigste Zentrum des Heiligen Römischen Reiches. Heinrich III. hatte schon 1040 mit dem Bau begonnen. Grundlage des Reichtums war der Erzabbau im Rammelsberg. Tipp: Nachts ist das Ensemble mit dem Platz davor angestrahlt und bildet ein schönes Fotomotiv.

27 RAMMELSBERG

Mit der gelben Grubenbahn in die Stollen einzufahren und sich den Abbau von Kupfer, Blei und Silber zeigen zu lassen, der hier 1000 Jahre vor sich ging, ist ein tolles Erlebnis. Die großen hölzernen Kehrräder sind zu sehen. Über sie lief Wasser, womit Pumpen betrieben wurden, die Grundwasser aus der Tiefe holten. Das ist Teil der Oberharzer Wasserwirtschaft, die zum UNESCO-Weltkulturerbe zählt. Seit 1992 schon gehört dieses sehr anschauliche Besucherbergwerk ebenso dazu. Es ist ein höchst lebendiges Relikt aus der wichtigsten Epoche des Harzes. Die Bauten über Tage sind im Stil des Bauhauses errichtet worden. Das alles lässt sich bei einer geführten Tour trefflich besichtigen und in Erfahrung bringen.

TIPP

Die Welterbe-Standorte im Harz lassen sich auch mit Elektrozweirädern ansteuern. Touren dazu mit Vermietstationen unter: www.welterbeimharz.de

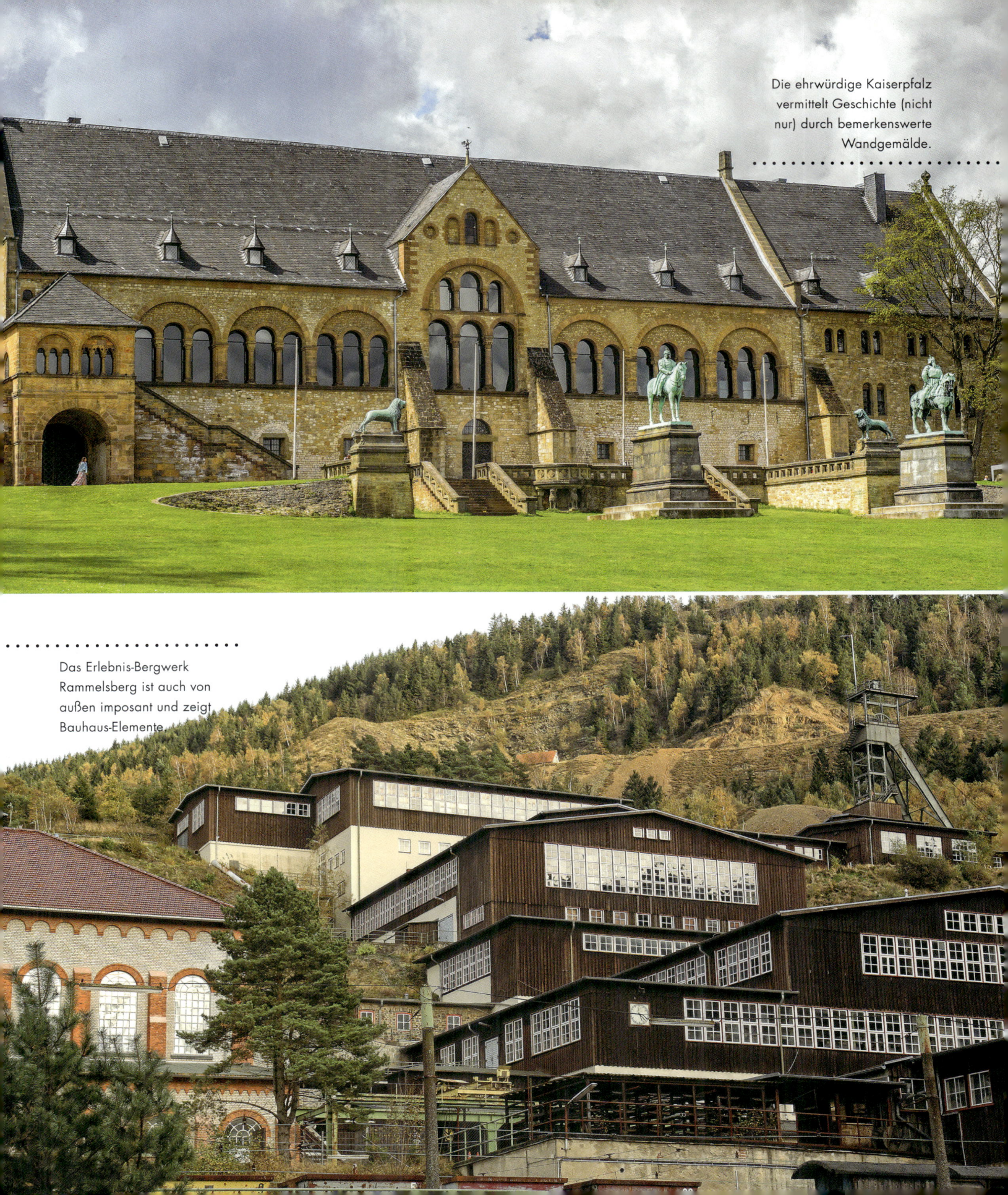

Die ehrwürdige Kaiserpfalz vermittelt Geschichte (nicht nur) durch bemerkenswerte Wandgemälde.

Das Erlebnis-Bergwerk Rammelsberg ist auch von außen imposant und zeigt Bauhaus-Elemente.

GOSLAR
Quer durch die Altstadt

Fachwerk in Schwarz-Weiß, alte Häuser, Gassen und Cafés: Wer durch Goslar streift, findet diese wohlige Mischung aus Bergbautradition und Moderne. Stehen bleiben und staunen – wunderbar.

Der Marktplatz und Teile der Altstadt sind vom Turm der Marktkirche aus gut zu sehen.

28 MARKTPLATZ MIT RATHAUS

Der Goldene Adler auf dem Marktbrunnen wacht schon seit 800 Jahren über die Stadt. Das Original steht im Goslarer Museum. Das renovierte gotische Rathaus ist ein Prunkstück mit seinen Gemälden und Schnitzereien. Doch jetzt geht es quer durch die Altstadt. Die Gassen verströmen das Flair von Mittelalter und Moderne und laden zum Bummeln ein. Das Zunfthaus und heutige Hotel Kaiserworth, das Restaurant Brusttuch und das Siemenshaus gehören unbedingt dazu. Schön für eine Rast ist der Schuhhof nahe der Marktkirche.

29 MARKTKIRCHE

Die Doppeltürme der Kirche St. Cosmas und Damian sind schon ein hübsches Wahrzeichen. Einer von ihnen ist sogar über 218 Stufen zu besteigen. Von oben ist der Ausblick auf die Stadt und das Vorland bestens. Innen in der Kirche überzeugen die farbenprächtigen Glasfenster und die Renaissancekanzel. Und wer waren jetzt die Namensgeber? Cosmas und Damian waren Zwillingsbrüder aus Syrien, die als Ärzte Kranke heilten. Sie halfen auch gegen Pest und Pferdekrankheiten.

TIPP

Einen Kaffee im Schuhhof zu trinken, das verrät den Kenner. Hier treffen sich gern Einheimische.

Vor der roten Fassade des einstigen Gildehauses Kaiserworth breitet sich der Marktplatz mit dem Brunnen aus. Der goldene Adler ziert ihn.

Auch die Kirche St. Jakobi in der Altstadt ist einen Besuch wert.

GOSLAR
Die Kulturhoheitliche

Hoffentlich ist heute kein Wanderwetter! Die Museen in Goslar rufen. Es ist höchste Zeit, sich mit der Gegenwartskunst zu befassen. Die Geschichte Goslars ist prickelnd genug. Und dann das aktuelle Kabarett – alles vom Feinsten.

Die Objekte im Garten des Mönchehaus Museums überraschen.

31 GOSLARER MUSEUM

Es geht immer noch eine Treppe höher. Das weckt den Entdeckergeist. Bei allen, die sich die Vitrinen und Zimmer genauer anschauen, entsteht eine Harzfreude. Es ist das Gefühl, endlich die Vergangenheit zu verstehen. Das liegt an den Themen in diesem Haus. Goslarer Geschichte, Kunstgeschichte, Geologie und Mineralogie sind erstklassig aufbereitet. Es sind aber auch die Objekte selbst. Der Goldene Adler vom Marktbrunnen lächelt, der Krodoaltar leuchtet.

30 MÖNCHEHAUS MUSEUM

Zeitgenössische und moderne Kunst sind hier zu sehen. Das macht Spaß, denn die Objekte von Henry Moore, Christo oder Georg Baselitz sind teils im Ackerbürgerhaus von 1528 und damit in einem ehrwürdigen Rahmen, teils im grünen Garten zu betrachten. Das ist Kunst im Freien. Jährlich verleiht der dazugehörige Verein den »Kaiserring« an einen bedeutenden Gegenwartskünstler. Dessen Arbeiten werden dann auch ausgestellt. Das Museum ist ein Nabel der Kunstwelt von heute!

32 KULTURKRAFTWERK HARZENERGIE

Kleinkunst, Kabarett und Figurentheater sind im Angebot. Das einstige Gleichstromkraftwerk, 1909 errichtet, ist später als Druckerei genutzt worden, dann als Materiallager. Heute zeigen die Darsteller, was sie so auf Lager haben. Das ist persönlich, hautnah und unterhaltsam. Eine Art Geheimtipp im Nordharz.

TIPP

Dioramen im Zinnfigurenmuseum der Lohmühle vermitteln ein höchst anschauliches Bild des früheren Lebens in Goslar.

Die historische Fassade des Mönchehaus Museums ist von besonderer Schönheit.

GOSLARER MUSEUM

Hier werden Schätze anschaulich präsentiert – das Goslarer Museum.

Mal sehen, was beim Kurbeln passiert: Harzer Wasser in Bewegung auf dem Baumwipfelpfad.

33 BAUMWIPFEL- UND WURZELPFAD

Es riecht nach Fichtennadeln. Der Baumstamm auf einer der 18 Plattformen des Baumwipfelpfades lässt sich aufklappen, und dahinter steht mehr über den Wald zu lesen. Es ist eine Freude, in einiger Höhe die 50 Stationen des einen Kilometer langen Waldpfades abzugehen und anzuschauen. Das ist die angenehme Art der Weiterbildung. Dazu sind kulturelle und kulinarische Events im Programm: Lesungen, ein Imbiss oder eine Führung zum Sonnenaufgang. Unten gibt es den dazu passenden Wurzelpfad. Er ist 700 Meter lang, und endlich lassen sich Baumwurzeln von unten sehen. Es ist ein wunderbares Erlebnis – und hier unten sogar kostenlos.

34 BURGBERG UND SEILBAHN

In drei Minuten schwebt die Seilbahn hinauf auf 483 Meter. So hoch ist der Burgberg. Von dort ist der Blick hinab auf Bad Harzburg reizvoll, fast noch mehr zu sehen ist vom weiter Harzer Vorland. Was für ein Ort, um sich einen Überblick zu verschaffen. Ein schmuckes Restaurant mit Hotel hat auf der Höhe geöffnet. Einige der Mitfahrer machen sich von hier auf den Weg zum Brocken (siehe Wanderungen). Andere schauen sich die Ruinen der Harzburg dort oben an. Viele zieht es zum Luchsschaugehege (siehe 35). Übrigens ist die Seilbahn, eine der ältesten in Deutschland, seit 1929 in Betrieb.

TIPP
Einen attraktiven Golfplatz mit altem Baumbestand hat Bad Harzburg mitten im Ort zu bieten. Was für ein großes Landschaftserlebnis! www.gcharz.de

Der barrierefreie Zugang führt
die Besucher auf Augenhöhe
mit den Baumwipfeln.

Seit 1929 führt die Seilbahn
hinauf zum Burgberg.

BAD HARZBURG
Tierisch gut

Natur und Tiere scheinen die Harzburger schon immer begeistert zu haben. So gründeten sie bereits 1880 ihren Rennverein. Doch auch Ameisen wird Raum gegeben – im »Haus der Natur« sind sie aus der Nähe zu betrachten.

Pinselohren sind das auffälligste Merkmal der Luchse.

36 HAUS DER NATUR

Neben der Talstation der Seilbahn zum Burgberg ist die große Walderlebnisausstellung auf 400 Quadratmetern ein begehrter Anlaufpunkt für Familien im Kurpark. Ameisen lassen sich bei ihrer Spurensuche zusehen. Es gibt viel zum Ausprobieren und Spielen. Natürlich darf die Info-Ecke über Luchse nicht fehlen, denn diese sind sozusagen das Wappentier von Bad Harzburg. Hier ist es das große Luchsdiorama, was ihren Lebensraum zeigt.

35 LUCHSSCHAUGEHEGE

Es ist ein großer Besuchermagnet, besonders zur Fütterung der Luchse. Dann sind die Tiere exzellent aus der Nähe zu beobachten. Freie Sicht ist von der Aussichtsplattform aus garantiert. Das Schaugehege an der Rabenklippe ist das Ziel vieler Wanderer. Sie brauchen meist eine Stunde vom Burgberg aus (mit dem Bus Linie 875 ab Bad Harzburg ist die Anreise auch möglich). Das Projekt für die Wiederansiedelung der größten Katze Europas wurde schon im Jahr 2000 gestartet. Es gab eine Reihe von Auswilderungen.

37 PFERDERENNBAHN

Wo laufen sie denn? Tja, diese Pferderennbahn hat es in sich. Schon seit 1880 sind auf dem Rund die Vierbeiner auf Trab. Zwar hatte der Rennverein die Förderung der Braunschweigischen Pferdezucht im Sinn, aber das Hauptanliegen war es – wie heute auch –, Gäste in den Ort zu locken. So um die 50 000 Besucher kommen zu den Rennwochen im Sommer zur Anlage »Am weißen Stein«.

TIPP

Das urige Café Winuwuk und die Kunstausstellung Sonnenhof am Südwestrand Bad Harzburgs sind heimelig.

Die Renntage in Bad Harzburg sind jedes Mal ein großes Ereignis.

BAD HARZBURG
Dem Wasser so nah

Was Körper, Geist und Seele betrifft, bieten sich hier ansprechende Quellen. Dem Wasser aus der Radau und den Heilquellen aus der Tiefe der Therme ist zu trauen.

Schon im 19. Jahrhundert galt Bad Harzburg als »Weltbad«.

38 RADAUWASSERFALL

Es handelt sich eher um einen meditativen Ort. Wer von der Straße aus das aus einer Höhe von etwa 23 Metern herabfallende Wasser betrachtet, wird schnell in eine Art Trance versetzt. Je nach Jahreszeit tröpfelt oder schießt das Wasser hinab. Es gibt moosige Stellen, dann wieder kleine Rinnen. Die Radau wurde einst zum Flößen der Baumstämme und von Torf auf Holzpaletten genutzt. Doch hat man vor rund 150 Jahren einen Abzweigkanal angelegt, um diesen Wasserfall zu erzeugen. Ein Quell der Freude!

39 SOLE-THERME

Nahe der Bergbahn-Talstation steht die Sole-Therme mit der Sauna-Erlebniswelt. Die Sole-Gabbro-Grotte und die Schneesauna sind der Hit. Auch die Sauna mit Naturklängen ist sehr ungewöhnlich. Insgesamt stehen acht Saunen zum Schwitzen bereit. Zum Körperpeeling gibt es Natursole, die in der Tiefe gewonnen wird. Aus 840 Meter Tiefe wird das natriumreiche Heilwasser heraufgepumpt. Es ist das Baden in der Natursole, das die Sinne aktiviert. Das Bistro schließlich vermittelt italienisches Flair.

TIPP

Die Trink- und Wandelhalle im Badepark ist imponierend vom Gebäude her (älter als 100 Jahre) und wegen der Heilwässer aus den Brunnen.

Viele Wege führen das
Wasser zu Tal: Der Radauwas-
serfall wirkt wie ein Gesamt-
kunstwerk.

Bilder von bedeutenden Schriftstellern zieren die Wände des Gleimhauses.

HALBERSTADT
Die Domstadt

Vom ehrwürdigen Dom sind die Besucher schnell ergriffen. Was für ein Prachtstück! Seltene Vögel und alte Schriftsteller warten gleich nebenan.

41 HEINEANUM

Der Halberstädter Oberamtmann und Gutsbesitzer Ferdinand Heine hatte früh angefangen, ausgestopfte Vögel zu sammeln. Inzwischen ist das Naturkundemuseum jenes mit der umfangreichsten Vogelsammlung in ganz Deutschland. Einheimische Exemplare sind zu bewundern, aber auch Vögel aus fernen Erdteilen. Es geht natürlich auch darum, wie die Arten heute zu schützen sind. Mahnendes Beispiel sind die Halberstädter Saurierknochen, die dort ebenfalls zu sehen sind. Mögen die Vögel eine bessere Zukunft haben.

40 DOM ST. STEPHANUS UND ST. SIXTUS

Verzögerungen beim Bau des neuen Berliner Flughafens fallen kaum ins Gewicht angesichts der 250 Jahre, die die Bauherren für diesen doppeltürmigen Dom brauchten. 1486 war er endlich fertig und steht bis heute. Der Dom ist eine der schönsten gotischen Kathedralen im ganzen Land. Schon 804 hatte Karl der Große Halberstadt zum Bischofssitz erkoren. Am prachtvollsten ist der Domschatz mit seinen Goldschmiedearbeiten. Mit über 300 Stücken ist er einer der umfangreichsten mittelalterlichen Kirchenschätze Europas.

42 GLEIMHAUS

Als eines der ältesten Literaturmuseen in Deutschland bietet das Haus von Johann Wilhelm Ludwig Gleim Einblicke in feine Schriften aus alter Zeit. Denn schon als Goethe 1805 bei seinem Harzbesuch in die Bibliothek des Dichters schaute, war er überrascht. Dort sind alle bedeutenden Schriftsteller des 18. Jahrhunderts mit ihren Werken versammelt. Am auffälligsten aber sind die vielen gleichgroßen Porträtbilder dieser Schreiber an den Wänden. Eine Galerie der Denker.

TIPP

In der Buchardikirche erklingen die Töne des John-Cage-Orgel-Kunst-Projekts, das insgesamt 639 Jahre dauert. Viel Zeit also zum Zuhören.

Der Dom mit den zwei Türmen gehört zum Schönsten, was Halberstadt zu bieten hat.

Schon Goethe stattete dem Harzer Dichter Johann Wilhelm Ludwig Gleim einen Besuch ab.

HALBERSTADT
Grün und Schach

Das Belvedere im Landschaftspark ist ein hübscher Anblick. Hier etwas wandern, da etwas speisen und dann geht es zum Nachdenken ins benachbarte und europaweit bekannte Schachdorf.

Alles über Schach erfahren die Gäste in Ströbeck. Das Museum ist die erste Anlaufstelle.

43 LANDSCHAFTSPARK SPIEGELSBERGE

Etwa seit der Französischen Revolution blüht dieser Park. Auf einem kahlen Hügel ließ der Domherr von Spiegel Bäume pflanzen und die öde Anlage verschönern. Mit dem Aussichtsturm Belvedere und der Eremitage ist das Ensemble, zu dem auch ein Mausoleum gehört, heute eine herrliche Grünanlage zum Wandern am Südrand von Halberstadt. Die sollte sich niemand entgehen lassen. Ein riesiges Weinfass gehört ebenso dazu. Etwas Leckeres zu essen gibt es auch – im Jagdschloss.

44 SCHACHDORF STRÖBECK

Nur ein paar Kilometer westlich von Halberstadt liegt der Nabel der Schachwelt. Wer dieses Brettspiel auch nur ein wenig ins Herz geschlossen hat, sollte dort ins Museum schauen oder im Sommer dem Platz am Schachspiel einen Besuch abstatten. Dort nämlich wird dann Lebendschach mit Darstellern in alter Tracht gespielt – ein wunderbares Spektakel mit hohem Unterhaltungswert. Ein adeliger Gefangener des Halberstädter Bischofs soll schon 1011 seinen Bewachern in Ströbeck das königliche Spiel beigebracht haben.

TIPP

In Langenstein etwas südlich von Halberstadt sind Höhlenwohnungen zu besichtigen – ein Kuriosum.

Im Landschaftspark Spiegels-
berge mit seinen Monumenten
lässt sich herrlich spielen.

ILSENBURG
Die Klösterliche

Vom Startpunkt Ilsenburg durch das idyllische Ilsetal zu wandern, ist zu allen Jahreszeiten ein Fest der Sinne. Dann sind es die Klöster, die viele Menschen anziehen, und die Parks und Gärten, die betören. Ilsenburg bedeutet Entschleunigung.

Die Ilse ist ein munterer Fluss und hat auch schon Heinrich Heine in ihren Bann gezogen.

45 ILSETAL

Laubwald umrahmt den Bach. Die Vögel zwitschern. Die Ilse mit ihrem rauschenden Wasser gehört zu den schönsten Harzer Bächen. Kein Wunder, dass hier Dichter unruhig wurden, bis sie ein paar Verse verfasst hatten. Heinrich Heine war so einer. Wer dem Weg durchs Ilsetal hinauf zum Ilsestein folgt, wird auf Schilder stoßen, die an den Dichter und seine Gedichte erinnern. Das Quellgebiet der Ilse befindet sich nahe am Brocken.

46 FORELLENTEICH

Fast könnte man sagen, er sei das spirituelle Zentrum. Jedenfalls liegt der Teich mit den Fischen ideal, um sich hier einen Moment niederzulassen. Hier zu stehen und zu schauen, ist Entschleunigung pur. Vielleicht sind im Wasser gerade die Forellen zu erkennen. Der Friedenspark mit Springbrunnen und Wasserkaskaden grenzt an. Hier können wir weiter entschleunigen. Der Industrielehrpfad schließt sich an. Er informiert über Erze, Metalle, Schmiedefeuer und Pochwerke.

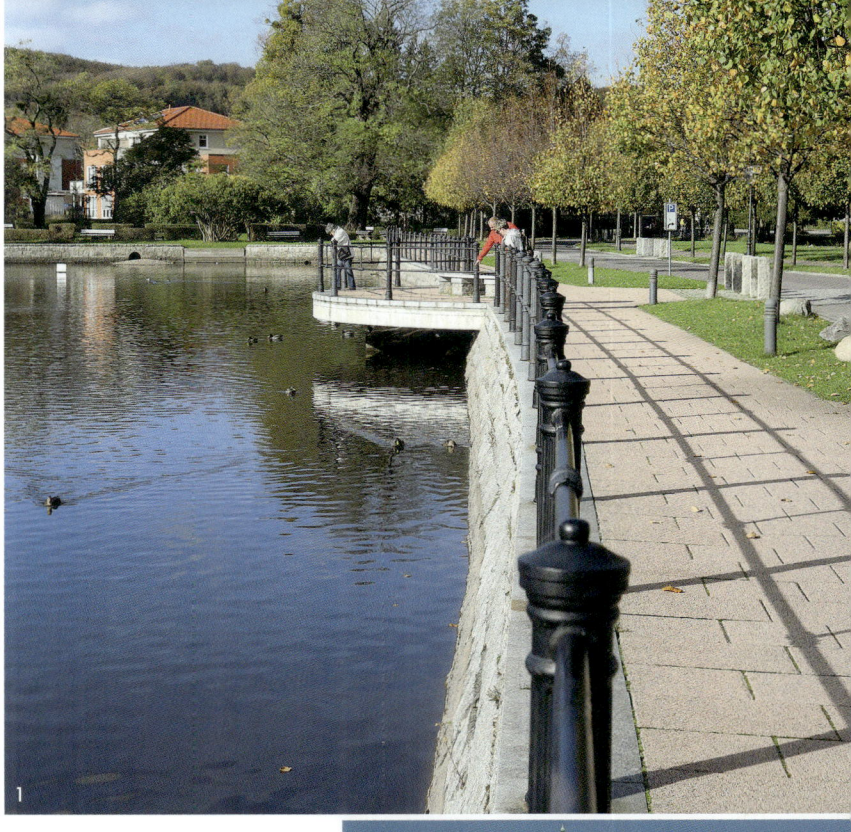

Ob Forellenteich in Ilsenburg (1) oder Kloster Drübeck (2) – der Ostrand des Harzes beeindruckt immer wieder.

47 KLOSTER ILSENBURG

Der Fußboden trägt Ritzzeichnungen im Gips. Wenn das nichts Besonderes ist! Das Kloster hat schon lange ausgedient, wurde im Bauernkrieg schwer beschädigt, war dann Klosterschule der Protestanten. Wer heute hindurchschlendert, kann sich in die alten Zeiten versetzen. Konzerte in diesem Rahmen zu erleben, ist besonders feierlich.

TIPP
Das Hütten- und Technikmuseum erinnert an eine bewegende Facette der Ilsenburger Vergangenheit.

48 KLOSTER DRÜBECK

In den restaurierten Zimmern der Scheune zu übernachten, ist ein Genuss – eine Mischung aus Nostalgie, Komfort und Schlichtheit. Auch der Obstgarten und das stimmungsvolle Café gehören zum Terrain des Klosters, das mehr ein Tagungsort als religiöse Stätte ist. Der Klostergarten kann zum Aufatmen dienen, zur Demut vor der Natur und zur Meditation. Benediktinerinnen haben in Drübeck schon mehr als 1000 Jahre Gutes getan.

BLANKENBURG

Einst ritterlich

Seinerzeit uneinnehmbar, zeigen sich die Festung Regenstein wie auch das Große und Kleine Schloss heute als äußerst einnehmend für Besucher. Musikalisches Zentrum ist das Kloster Michaelstein mit seinen Konzerten.

Kloster Michaelstein ist ein Ort für Musik und Besinnung.

50 GROSSES UND KLEINES SCHLOSS

Thecter, Schlosskapelle, Kaiser- und Rittersaal – all das ist in der einstigen Residenz des Sachsenherzogs und späteren Kaisers Lothar von Supplingenburg wieder nach der Restaurierung zu besichtigen. Im Kleinen Schloss, 1725 als Gartenhaus errichtet, wurde einst Friederike von Hannover geboren. Sie wurde später griechische Königin. Hier ein Konzert zu hören, ist ein musikalisches Highlight. Und dann im weitläufigen Park spazieren gehen – herrlich!

49 RUINE REGENSTEIN

Heute ist es der Ausblick, der einem die Knie zittern lässt. Hinter der Gaststätte Regenstein fällt der Fels steil ab. Dann lieber horizontal ins nördliche Harzvorland schauen. Früher war das Gelände kriegsentscheidend. Die Festung galt als uneinnehmbar, weil sie diese steilen Wände hatte und die Grafen von Regenstein echte Haudegen waren. Kasematten im Fels erinnern an die Zeit der blutigen Ritterkämpfe. Heutzutage sind es lustige Ritterspiele, die zu Pfingsten über die Freilichtbühne gehen. In jedem Fall ist der Ort mystisch. Die Bismarck-Eiche kann davon erzählen.

51 KLOSTER MICHAELSTEIN

Es ist ein Ort der Musik. Die heute hier ansässige Musikakademe Sachsen-Anhalt bietet Kurse. Dort wird geprobt. Den Proben oder öffentlichen Konzerten zuzuhören, empfiehlt sich. Die Ausstellung »KlangZeitRaum – dem Geheimnis der Musik auf der Spur« setzt die passenden Akzente dazu. Am besten, der Gast plant etwas mehr Zeit ein. Oder er ist ohnehin auf einer Rundwanderung (siehe 62) und lässt sich hier für einige Zeit nieder.

TIPP

Rund zehn Kilometer nördlich von Blankenburg kann man in der Glasmanufaktur Harzkristall in Derenburg bei den Glasmachern in den Schmelzofen schauen (und feinstes Glas kaufen).

Die Ruine Regenstein ragt imposant auf, der Blick ins Land reicht weit.

Schloss und Park bieten Raum für Zerstreuung.

(1

QUEDLINBURG
Die Welterbe-Stadt

Fachwerk, Gassen, Markt – diese Stadt vereint das Gefühl von weltläufiger Einmaligkeit mit kuscheliger Kleinstadtatmosphäre. Sich umsehen und sich wohlfühlen werden eins.

Überragend im doppelten Sinne ist die Stiftskirche von Quedlinburg.

52 ALTSTADT

Schnell fühlt man sich von der Quedlinburger Altstadt an eine übergroße Puppenstube erinnert. Die Gassen abzulaufen, die rund 2000 Fachwerkhäuser aus sechs Jahrhunderten zu betrachten und dann diesen Marktplatz zu sehen, ist ein besonderes Erlebnis. Im Harz bringt es kaum eine andere Stadt zu diesem romantischen Fachwerkgefühl. Das älteste erhaltene Fachwerk stammt von 1301 und befindet sich im Höllenhof östlich des Marktplatzes – grandios! Heimelig wird es zu Jahresende auf dem Weihnachtsmarkt und dem »Advent in den Höfen«. Unbedingt für den nächsten Winter vormerken!

53 DOM

Die Stiftskirche St. Servatius auf dem Schlossberg aus Sandstein überragt alles. Sie selbst ist im doppelten Sinne überragend, denn wie schön ist es, von hier oben auf die Altstadt hinabzublicken. Einfach betörend. Innen führt die Treppe hinauf zum lange verschollenen Domschatz. Den muss man sich einfach näher ansehen. Dann hinunter in die Krypta. Dort sind die Grabmale des ersten deutschen Königs Heinrich I. und seiner Frau Mathilde zu sehen. Schließlich ist die romanische Baukunst mit dem Wechsel von Pfeilern und Säulen ebenfalls überragend und bildet hier eines der bedeutendsten Beispiele Europas.

TIPP

Die entweihte Kirche St. Blasii nahe am Markt ist ein Kleinod und Treff für Konzerte und Veranstaltungen.

Ein Bummel durch Qued-
linburg führt zu idyllischen
Orten, Fachwerkhäusern und
blühender Tradition.

In diesem Hochständerbau befindet sich das Fachwerkmuseum.

QUEDLINBURG
Das Kulturmekka

Klassische Moderne – das Leben des in Deutschland aufgewachsenen amerikanischen Grafikers Lyonel Feininger berührt die Besucher. An Museen und Galerien ist Quedlinburg reich.

55 LYONEL-FEININGER-GALERIE

Bevor der weltberühmte Maler 1937 mit seiner Familie in die USA emigrierte, übergab er seine einmaligen Arbeiten seinem Freund und Kunstsammler Hermann Klumpp. Dieser versteckte sie zunächst vor den Nazis. Ein Jahr vor Klumpps Tod wurde 1986 die Galerie gegründet. Gottlob, denn so sind die Grafiken und Zeichnungen zugänglich. Auch Arbeiten von Lovis Corinth über Wassily Kandinsky bis Emil Nolde sind zu bewundern.

56 KLOPSTOCKHAUS

Das Geburtshaus des Dichters Friedrich Gottlieb Klopstock, der 1724 geboren wurde, liefert tiefe Einblicke in sein Schaffen. Das Haus ist schon viel älter, es wurde um 1560 errichtet, zur Blütezeit des niedersächsischen Fachwerkbaus. Das Museum darin ist jünger, aber auch schon etwa 120 Jahre alt. Klopstock? Genau, er errichtete das Fundament deutscher klassischer Literatur. Sein episches Werk »Der Messias« ist ein Beispiel. Leichter sind seine Oden, Hymnen und Lieder. Am besten mal hineinschauen ins Haus, denn da ist noch von weiteren Quedlinburger Persönlichkeiten die Rede.

54 FACHWERKMUSEUM

Sich mit den Hintergründen der größten Fachwerkstadt Deutschlands zu befassen, ist in diesem kleinen Haus vorzüglich möglich. Es ist selbst ein Hochständerbau aus dem 14. Jahrhundert. Viel wird über das Restaurieren und Rekonstruieren erzählt. Modelle zeigen die Stilentwicklung. So wird endlich »begreiflich«, was Fachwerk heißt, kann und wie es entstand.

TIPP

Den Bahnhofsplatz ziert die Göttin Flora. In der linken Hand hält sie eine Rose, schließlich ist sie Fachfrau für Blüten und Blumen.

Das Geburtshaus des Dichters Friedrich Gottlieb Klopstock passt wunderbar in die Fachwerkstadt.

QUEDLINBURG
Vom alternativen Wohnen

Abseits der Hauptströme der Gäste sind der Münzenberg mit seinen Gassen sowie die Neustadt mit ihren Plätzen und der Kirche am Brunnen Kleinode. Alle zusammen runden das Stadtbild ab.

Die Nikolai-Kirche in Quedlinburg erinnert an die Zeit als Handelsstadt.

57 MÜNZENBERG

107 Stufen, die sich lohnen: Der Münzenberg mit seiner romanischen Marienkirche liegt gegenüber dem Schlossberg. Der Blick ist einmalig schön von hier oben. Im Museum wird erläutert, wie die erste Äbtissin des Quedlinburger Frauenstifts schon im Jahre 986 das Marienkloster einrichtete. Dann sind es die vielen kleinen Häuschen, die einen beim Abstieg faszinieren. Woher kommen sie? Aus den Trümmern der einstigen Klosterbauten und der Pfeilerbasilika haben ärmere Menschen sich etwas aufgebaut. Es war ein Fluchtpunkt für das fahrende Volk. Auch das ist Quedlinburg.

58 NEUSTADT

Aus rund 15 Dörfern strömten die Bauern ab 1200 in die Stadt. Hier bauten sie sich Häuser, denn sie suchten Schutz vor Angreifern. Immer wieder wurden Bauern überfallen und Scheunen in Brand gesteckt. In der Stadt war alles sicherer. Zu den Feldern fuhren sie von hier aus. Mittelpunkt des neuen Viertels wurde die Nikolaikirche. Von den beiden 72 Meter hohen Türmen kann einer bestiegen werden. Es eröffnet sich ein hübscher Einblick auf die Stadt. Dann sind im Viertel die drei Wachtürme und Teile der Stadtmauer erhalten. Das St. Annen-Hospital liegt malerisch. Dieser Neustadtbummel lohnt sich.

TIPP

Zerstreuung in einer historischen Parkanlage eines alten Kurortes kann man trefflich in Bad Suderode finden.

59 KINDER: Der Walderlebnispfad Goslar

Die drei Kilometer sind auch für Ungeübte gut zu schaffen. Schließlich gibt es ein Waldxylophon. Anschlagen und zuhören sind eine Wohltat. Der Balancierbereich wie auch der Fußfühlpfad sind ebenfalls spannend. Schuhe und Socken aus – dann sind die Füße so richtig gefordert. Manchmal kitzelt es auch ein wenig. Jetzt geht's aber ans Ästesammeln, denn daraus soll jetzt ein kleines Versteck entstehen.

60 EHRGEIZIGE: Vom Burgberg hinauf zum Brocken

Den Brocken im Blick und immer bergauf. Wer sich die 14,2 Kilometer zutraut, wird reich belohnt. Es ist ein etwa 4,5 Stunden währendes Spektakel. Die Strecke führt in einem Schlenker am Kaltetalskopf (605 Meter) vorbei zum Molkenhaus (Einkehr), dann am Nord- und Ostufer des Eckerstausees entlang. Wer die Hermannsklippe erreicht hat, ist schon fast oben. Die letzten drei Kilometer leiten über den Kleinen Brocken.

Ob entlang der Ilse (1), auf den Spuren Heinrich Heines (2) oder am Eckerstausee (3) – die waldreiche Umgebung streichelt die Seele.

ilsenburg harz
Luftkurort am Fuße des Brockens

Heinrich-Heine-Wanderweg
Ilsenburg – Brocken – Ilsenburg

Wenn man die oberer Hälfte des Brockens besteigt, muß man an die große deutsche Nationaltragödie vom Dr. Faust denken. Ich glaube auch Mephisto muß mit Mühe Atem holen, wenn er seinen Lieblingsberg ersteigt, es ist ein äußerst erschöpfender Weg und ich war froh, als ich endlich das langersehnte Brockenhaus zu Gesicht bekam.

Brocken
Kleiner Brocken
Eiserner Tisch
Hermannsklippe
Rote Brück
Ilsefälle
Zanthierplatz
Ilsestein
Ilsetal
Blochhauer

61 POETEN: Heinrich-Heine-Weg zum Brocken

Ilsenburg ist der Startort, das Ilsetal mit dem Ilsestein das nächste Ziel. Schön sind auch die Ilsefälle, die Stempelsbuche, die Hermanns- und die Bismarckklippe. Der 13 Kilometer lange Weg hinauf zum Brocken ist Heinrich-Heine mehrfach gegangen. Oben erinnert ein Denkmal an den Dichter. Wenn auch das letzte Stück etwas steiler wird bis zum Brocken, einfach mal zurückschauen – der Ausblick ins Tal entschädigt.

62 MUSIKFREUNDE: Rund um Blankenburg

Ziel dieser zehn Kilometer langen Runde um Blankenburg über die Ruine Regenstein ist das Kloster Michaelstein. Dort sind Konzerte zu hören. Da wird Musik gelehrt und geprobt. Dass dann auch die Mönchemühle und die Wilhelm-Raabe-Warte dazugehören, ist eine schöne Fügung des Wegeplans. Jedenfalls ist die Wegstrecke in drei Stunden zu schaffen, aber es sollte genug Zeit für die Musik im Kloster eingeplant werden.

TOURENKARTEN
zu allen Wanderungen ab S. 160

Zwischen den bewaldeten Höhen schlängelt sich im Tal die Bode – ein hervorragendes Wanderrevier.

HÖHLEN UND ROSEN

Der Osten

Dieser Teil ist einer der spannendsten im Harz überhaupt. Er vereint Hochplateaus wie den Hexentanzplatz und grandiose Ausblicke wie von der Roßtrappe gegenüber ins idyllische Bodetal. Dieser kleine Canyon ist ohnehin von überwältigender Schönheit und ein Idyll. Die kleine reißerische Bode bietet sich auf jeden Fall für eine eigene Wandertour an. Es sind aber auch am Stausee westlich davon kleine Abenteuer zu bestehen. Zum einen hängt dort eine leicht schwingende Hängebrücke, zum anderen fordert einen die Doppelseilrutsche heraus, mit der es rasend schnell hinüber zum anderen Ufer geht. Es warten mystische Höhlen im Rübeland mit Grottenolmen. Es herrscht Wildweststimmung in Pullman City. Auch alte Köhlertraditionen sind zu erleben. Dann wieder blühen die Rosen in einer Vielfalt und Fülle wie sonst nirgends. Das Europa-Rosarium lockt nach Sangerhausen. Nicht weit davon erheben sich der Kyffhäuser mit seinem Denkmal und vor allem das riesige Bauernkriegspanorama in Bad Frankenhausen. Luther setzt dann in allen Facetten einen Schlussakkord.

DIE ZEHN BESTEN ABENTEUER:

1. Durchs Bodetal wandern

2. Mit der Doppelseilrutsche »Megazipline« über den Stausee fliegen

3. Pendelsprung von der Hängebrücke

4. Kletterwald von Thale

5. Wallrunning am Stausee

6. Bootstour bei Wendefurth

7. Bogenschießen in Pullman City

8. Durch die Höhlenwelt streifen

9. Das Josephskreuz besteigen

10. Hufeisenwerfen in der Pfalz Tilleda

1 Die Therme in Thale bietet zahlreiche Entspannungsmöglichkeiten.
2 Weiter Blick über Thale hinaus ins Harzvorland
3 Im Kletterwald gibt es Parcours in allen Schwierigkeitsgraden.

THALE
Das Tor zur Bode

Das Städtchen im Lee des Harzes hat sich touristisch stark gemausert. Es bietet eine ganze Reihe von Erlebnisangeboten, gerade für Kinder.

63 STADTBILD

Der Erholungsort mit seinen etwa 18 000 Einwohnern wird oft unterschätzt. Einst basierte der hiesige Reichtum auf der Eisenhütte, denn in der Nähe gab es Erzvorkommen und Holz. Friedrich der Große besaß sie zeitweilig. 1831 wurden hier die ersten Wagenachsen aus Schmiedeeisen hergestellt, dann entstand das erste Blechemaillierwerk. Rosa Luxemburg und Karl Liebknecht sprachen 1910 zu den Tausenden von Arbeitern. Heute ist der Ort ein solider Ausgangspunkt für die besten Entdeckertouren im Harz. Beispiel: Durch Thale und Umgebung zieht sich der Mythenweg.

64 BODETAL THERME THALE

Entspannt im warmen Wasser liegen, die Saunalandschaft genießen oder an der Poolbar einkehren – das Wellnesserlebnis ist da. Diese Therme verbindet das angenehme Wasserfeeling mit besten Ausblicken in die Berg- und Schluchtwelt mit den grünen Wäldern und Granitfelsen. Donnerstagabends ist Ladies Night und sonntags ab 15 Uhr Familienzeit in der Therme. Gerade nach einer Wanderung durchs Bodetal bietet sich diese Therme zur Regeneration bestens an. Dazu gibt es den Blick in die Bergwelt gratis.
www.bodetal.de/bodetalurlaub/bodetalthermethale

65 KLETTERWALD

Das Klettern an Seilen (mit Sicherheitsausrüstung) über einem Nebenarm der Bode ist der Kick. Es gibt rund 100 Kletterelemente sowie eine kleine Fahrt mit der Seilbahn. Acht Parcours stehen zur Verfügung. Zwischen zwei und sieben Metern über dem Boden spielt sich das Vergnügen ab. Von April bis Ende September dauert die Saison. Das naturnahe Gelände am Fuß der Seilbahnen Thale ist zu einem wahren Geheimtipp geworden.
www.kletterwald-thale.de

TIPP

Von Reiten über Bogenschießen bis Minigolf oder Tennis reicht das Angebot für Aktive in Thale. Und im Winter sind Langlauf und Rodeln neben Wandern angesagt.

Erinnerungen werden wach:
40 Jahre DDR wurden ein-
drucksvoll aufbereitet.

Auch ein Trabi darf nicht fehlen – ein Stück Autogeschichte der DDR (1). Und wie der Alltag aussah, zeigt sich in Bad und Küche (2).

66 DDR MUSEUM

»Keine Latte für die Laube, für den Trabi keine Schraube, für die Toilette kein Papier, aber den Sozialismus hatten wir.« Im sechsten Stock des früheren Verwaltungsgebäudes des Eisen- und Hüttenwerks Thale hat sich in 21 Räumen ein famoses Stück DDR-Vergangenheit erhalten und ist zum Publikumsmagneten geworden. Dort stellen Großeltern ihren Enkeln ein Stück ihres eigenen Lebens vor. Da lernen »Wessis«, wie es 40 Jahre lang im Osten zuging. Es ist eine herzergreifende Reise in einen Teil deutscher Geschichte. Dort ist eine Stasi-Kammer aufgebaut, an anderer Stelle hängt Unterwäsche auf der Leine, eine originale Küche ist zu sehen und monströse Hightech aus DDR-eigener Produktion. Es geht den Machern dieser Ausstellung, die seit 2000 in dem Haus ein Möbelgeschäft betreiben, um die Erinnerung an die Wohn- und Alltagskultur von 1949 bis 1989. Das gelingt hervorragend und ist oft mit einem Lächeln begleitet. Die präzise Beschriftung, die vielen Gegenstände und Filme aus der Zeit und der Geruch von Bohnerwachs erzeugen eine verdichtete Authentizität. Immer am 1. Mai fahren dazu noch alte Ostmobile vor dem Möbelgeschäft auf. Dabei sind dann die Trabis, für die es noch heute Schrauben gibt.
www.ddr-museum-thale.de

TIPP

Im Kurhaus von 1906, dem späteren »Klubhaus der Hüttenarbeiter« und heutigen Klubhaus Thale, werden Theater, Musicals und Kabarett gespielt. Es lohnt sich.

www.bodetal.de

WAS FÜR 17 MILLIONEN MENSCHEN 40 JAHRE LANG ALLTAG WAR, WIRD HIER IN 21 RÄUMEN HÖCHST ANSCHAULICH UND NACHVOLLZIEHBAR PRÄSENTIERT.

Wo die Hexen tanzen, ist der Ausblick großartig. Gerade das Bodetal ist in seiner ganzen Schönheit zu erleben.

Gemütlich mit der Gondel geht es den Berg hinauf zum Hexentanzplatz.

Die Figuren auf dem Hexentanzplatz faszinieren die Kinder.

67 HEXENTANZPLATZ Lebendige Kultstätte

Mit der Seilbahn schweben die Gäste von Thale aus dem Tal hinauf zum sagenumwobenen Hexentanzplatz. Es ist ein Plateau in etwa 450 Meter Höhe. Germanen beteten hier oben die heidnischen Götter an. Die Walpurgishalle erinnert daran. Auch Goethes Faust kommt darin vor. Reste des Sachsenwalls sind zu sehen, der bis 450 v. Chr. errichtet wurde. Sehenswert – besonders zu Aufführungen – ist aber das älteste Naturtheater Deutschlands. Es wurde 1903 gegründet und hat mehr als 1300 Plätze. Vor dieser einmaligen Kulisse wird jedes Stück zu einem besonderen Erlebnis. Dann geht es hinüber in den Tierpark mit Streichelzoo; auch Auerhähne und Wölfe sind zu sehen. Nicht nur für Kinder ist das ein schönes Ziel. Auffällig sind dann die Figuren, die den Hexentanzplatz verzieren. Teufel, Hexe und Homunkulus sind zu erkennen. Wadelinde, die Hexengroßmutter, versucht gerade, den Kreis des Bösen zu schließen. Ein Metallgestalter aus Quedlinburg hat die drolligen Plastiken geschaffen. Sie passen tadellos zur Walpurgis, die hier oben jedes Jahr in der Nacht zum 1. Mai gefeiert wird. Es ist so etwas wie der zentrale Anlaufpunkt aller Hexen und Teufel im Harz und aus der Umgebung. Beste Unterhaltung mit Musik ist garantiert. Die Hexen tanzen dann und machen dem Platz alle Ehre. Wer schließlich hier oben genug gesehen hat – auch der Ausblick ins Tal ist allerbestens –, der kann noch eine der gut ausgeschilderten Rundwanderungen anhängen zum Beispiel über die La Viereshöhe zur Prinzensicht hoch über dem Bodetal. Gegenüber auf der anderen Seite schauen andere Wanderer vom Herzogsblick herüber. Es gibt zudem einen Weg, der sich nach Thale hinabschlängelt. Auch dieser ist gut für eine kleine Tour zurück zum Auto oder zum Bahnhof in Thale.

DEN GÖTTERN, HEXEN UND TEUFELN NAH SEIN, DAS GELINGT HIER OBEN VORZÜGLICH. DAS PLATEAU BIETET NOCH SO MANCHE WEITERE ÜBERRASCHUNG – VOM THEATER BIS ZUM TIERPARK.

TIPP

Mit dem Harzbob am Hexentanzplatz durch den Wald – wie herrlich! Bis zu 40 Stundenkilometer schnell wird das Schienengefährt.

www.seilbahnen-thale.de

BODETAL
Mit Alpengefühl

Für jeden Naturfan ist dieses Tal ein Muss. Es hat alles, was die Sinne beschäftigt – sattes Grün, einen rauschenden Fluss, den Duft frischer Fichten und kulinarische Köstlichkeiten.

Der Hufabdruck im Fels ist schwer zu finden.

68 DIE BODE

Die Bode liegt einfach so schön idyllisch im tiefen Tal. Allein dieser Anblick ist eine Wanderung durch das bedeutendste Felsental nördlich der Alpen wert. Denn links und rechts des Flusses erheben sich die Berge auf mehr als 450 Meter. Das ist viel für den Harz. Diese Schlucht ist auch deshalb so anziehend, weil zum einen schroffe Granitfelsen und bewaldete Hänge zu sehen sind, zum anderen die Bode kräftig und wild daherfließt. Sie hat Schwung, den sie von der Kalten und Warmen Bode bekommt, die sie speisen und die beide im Brockenmassiv zwischen 800 und 900 Metern entspringen. Bei Königshütte vereinen sie sich. 169 Kilometer lang ist die Bode, die nun erst Thale, dann Quedlinburg passiert und nach einem großen nördlichen Bogen bei Nienburg in die Saale mündet. Die Rappbodetalsperre hält das Wasser der Bode zurück. Das dient dem Schutz vor Hochwasser und der Trinkwasserversorgung.

Die wilde, lautstarke Bode hat schon viele in ihren Bann gezogen. Dichter wie Heinrich Heine, Theodor Fontane oder Joseph von Eichendorff ließen sich von ihr inspirieren. Es liegen der Bodekessel, wo sich das Wasser dreht, oder die Sonnenklippen wie auch die Teufelsbrücke auf dem Weg.

Noch Anfang des 19. Jahrhunderts waren diese 17 Kilometer vor Thale nahezu unzugänglich. Die ersten Wanderwege wurden ab 1818 angelegt, als der Harztourismus langsam begann. www.bodetal.de

69 ROSSTRAPPE

Der 403 Meter hohe Granitfelsen liegt gegenüber dem Hexentanzplatz und bietet grandiose Ausblicke. Wie sich das mit dem sagenhaften Hufabdruck im Fels zutrug, wird bestimmt der Wirt des Berghotels erläutern. Das Hotel steht jedenfalls seit Mitte des 19. Jahrhunderts und ist heute topmodern. Ein Sessellift führt hinab nach Thale. www.berghotel-rosstrappe.de

TIPP

Reste der Winzenburg aus der Jungsteinzeit sind an der Roßtrappe zu sehen. Ein 1860 errichteter Aussichtsturm ist heute nicht mehr zugänglich.

Wie ein Canyon öffnet sich das Bodetal vor einem.

Die Roßtrappe ist ein Granitfelsen mit weitem Blick ins Bodetal.

Etwas wackeln kann sie schon, aber gerade das macht die Seilhängebrücke über der Rappbode so interessant. Sie ist eine der längsten der Welt.

RÜBELAND
Der Kick im Alltag

Mutig, mutig: Sicher angeleint rauschen die Abenteurer an der Doppelseilrutsche zu Tal.

70 SEILHÄNGEBRÜCKE »TITAN RT«

Wer vor dem Drehkreuz mit dem Ticketautomaten steht und die 120 Tonnen schwere Hängebrücke so freischwebend über der Bode sieht, ist beeindruckt. Was für ein schwungvolles Bauwerk. Es ist mit 458,5 Metern eine der längsten Hängebrücken der Welt. Mit etwas Mut und festen Schuhen sollte es gehen, versichern die Betreiber. Der 1,2 Meter breite Gang ist auch für Rollstuhlfahrer und Menschen mit Rollator geeignet. Eine leichte Neigung und später wieder Steigung machen es für diese Besuchergruppe allerdings erforderlich, eine Begleitung mitzunehmen (und sich anzumelden). 85 Meter sind es bis zur Wasseroberfläche nach unten, eine beachtliche Höhe. Und dazu der schöne Blick auf Wasser, Berge und Wald. Kenner kommen öfter, denn die ganz verschiedenen Tages- und Jahreszeiten tauchen diese einmalige Brücke in immer anderes Licht. Mal verhüllt ein watteähnlicher Nebel das Tal. Wer nun über die Brücke geht, bewegt sich wie auf Wolken. Dann wieder ist der Sonnenaufgang mit einem kleinen roten Punkt und einem weiten Orange am Himmel zu erleben. Es ist die Farbenpracht eines Regenbogens einzufangen. Oder es herrscht grandiose Fernsicht. Bei jedem Wetter offenbart sich die Schönheit links und rechts des schmalen, schwankenden Pfades in luftiger Höhe an der Staumauer der Rappbode.

Achtung: Für ganz Mutige gibt es den GigaSwing. Bei dem Pendelsprung von der Brücke wird der Springer mit mehreren Seilen gehalten, sodass er nicht wie beim Bungeejump hoch- und heruntergeschleudert. Er schwingt vielmehr wie ein Pendel. Es sind auch Tandemsprünge möglich. Und die Anreise ist auch kein Problem. Zwei Parkplätze und Bushaltestellen sind in der Nähe. Wendefurth ist der nächste Ort.

www.titan-rt.de

BLICKE HINAB SIND MUTIG, BLICKE IN DIE FERNE VON UNENDLICHER SCHÖNHEIT – DIE HÄNGEBRÜCKE ÜBER DIE RAPPBODETALSPERRE LIEFERT EINEN UNGEAHNTEN ZAUBER.

TIPP

Nebenan lässt sich rasch an Fahrt gewinnen. Bis zu 85 Stundenkilometer schnell wird der Mensch an der »Megazipline«, der größten Doppelseilrutsche Europas.

www.harzdrenalin.de

RÜBELAND

Ab in die Unterwelt

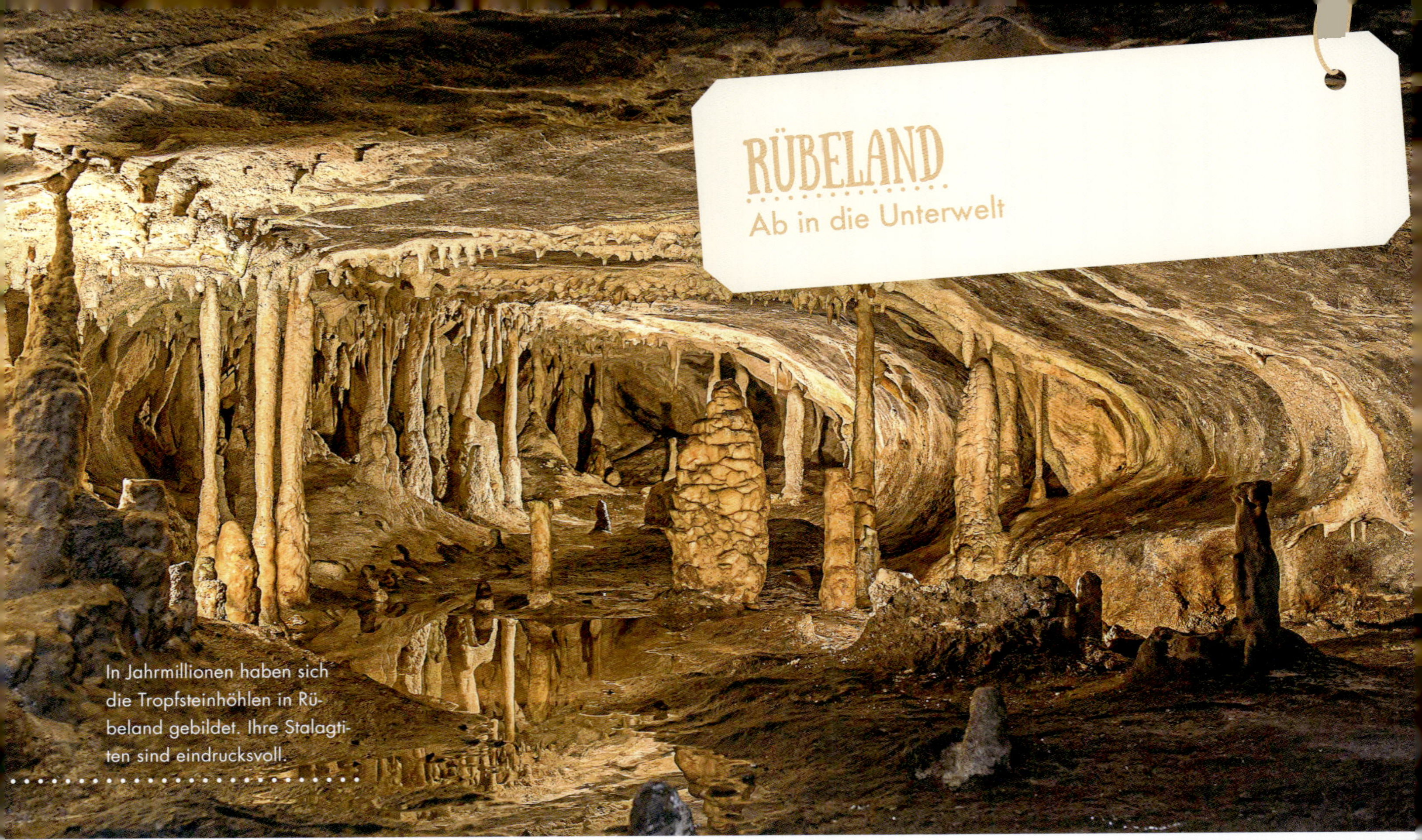

In Jahrmillionen haben sich die Tropfsteinhöhlen in Rübeland gebildet. Ihre Stalagtiten sind eindrucksvoll.

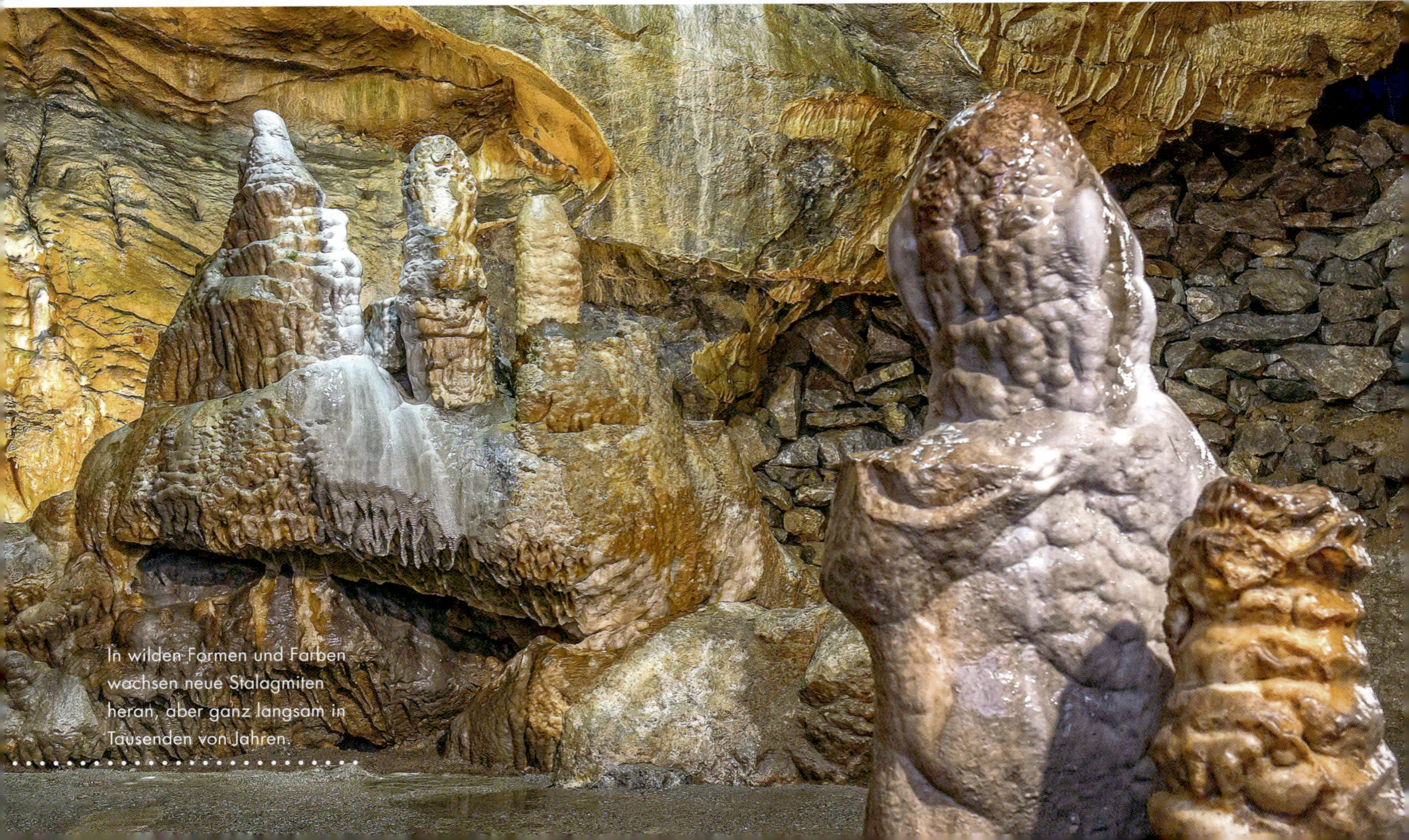

In wilden Formen und Farben wachsen neue Stalagmiten heran, aber ganz langsam in Tausenden von Jahren.

Im Goethesaal der Baumannshöhle werden oft Theater-
stücke aufgeführt, hier »Der
kleine Vampir«. Die Zuschauer
müssen sich allerdings warm
anziehen.

71 TROPFSTEINHÖHLEN

So klein der Ort Rübeland ist, so groß ist schon seit 1649
seine Bekanntheit. Das liegt an den Höhlen. Die Baumannshöhle gilt als die älteste Schauhöhle in Deutschland und wird
seit jener Zeit besucht. Schon der Braunschweiger Herzog
Rudolf August erkannte Ende des 17. Jahrhunderts die große
Bedeutung der Baumannshöhle und stellte sie nicht nur unter
Schutz (das erste Naturdenkmal Deutschlands), sondern er
ließ auch eine Tür am Eingang einbauen. So war die Gefahr,
dass die Besucher eifrig Bärenknochen mitnahmen, gering.
Wer die Höhle betritt, ist zunächst von den riesigen Kalk-
ablagerungen in Form großer und sehr vieler Tropfsteine angetan. Es tropft unablässig weiter. Dann ist der Goethesaal
zu sehen. Es ist der größte Raum in der Höhle, etwa 60 mal
40 Meter groß. Der bekannte Dichter kam mehrere Male in
die Unterwelt, die es ihm angetan hatte. Ein Höhlensee und
eine Naturbühne sind zu erkennen. Diese wiederum wird re-
gelmäßig bespielt. Passende Stücke wie »Atlantis« oder »Die
Reise zum Mittelpunkt der Erde« entfalten in dieser Umgebung natürlich ihre einzigartige Wirkung. Einziger Nachteil:
Es ist ganzjährig etwa neun Grad kühl. Die Besucher müssen
sich also warm anziehen, selbst im Sommer.
Die Hermannshöhle ganz in der Nähe wurde erst 1866 entdeckt. Sie ist größer als die Baumannshöhle und wird von
einem Bach durchquert, einem Seitenarm der Bode. In einem
künstlich angelegten See schwimmt die große Attraktion:
Grottenolme. Die tageslichtscheuen Tiere dieser Art mit der
hellen Haut leben hier seit 1932. Die Besucher sind schnell
begeistert, wenn sie diese ungewöhnlichen, schlangenähnli-
chen Wassergeschöpfe zu Gesicht bekommen. Die Höhlenwelt ist eigen und voller Geheimnisse. Hier werden ein paar
davon gelüftet.
www.harzer-hoehlen.de

THEATER AUF EINER NATURBÜHNE UNTER
TAGE UND GROTTENOLME LIVE ERLEBEN –
DAS SIND SCHON GANZ BESONDERE
VORLAGEN FÜR GLÜCKSGEFÜHLE.

TIPP

Für Kinder werden in der Hermannshöhle spezielle Erlebnis-
führungen veranstaltet. Auch Kindergeburtstage lassen sich
dort unten trefflich feiern.

WENDEFURTH UND ALTENBRAK
Dem Wasser so nah

Ein schwimmendes Fischlokal, viel Platz zum Rudern und Paddeln sowie Wallrunning sind ganz verschiedene Angebote. Dazu das alte Dorf Altenbrak. Schon ist der Urlaub perfekt.

Die Perspektive des Wallrunners: Es geht an der Staumauer hinab in die Tiefe.

72 TALSPERRE WENDEFURTH

Rudern – das wäre jetzt das Passende. Und tatsächlich wird das in Wendefurth angeboten. Tret- und Paddelboote liegen ebenso am Steg des Stausees, mit denen wir gemütlich über das lang gestreckte Gewässer gelangen können. Die Bode wurde hier aufgestaut. Das schafft viel Wasserfläche. Doch dann dieses Seerestaurant: Es ist eine schwimmende Gaststätte mit vorzüglichem, hier gefangenem Fisch. Die frisch geräucherten Forellen aus der eigenen Räucherei gelten schon lange als Geheimtipp, der so unbekannt nicht sein kann, denn die Warteschlange vor dem Außer-Haus-Verkauf ist lang heute. Doch im Restaurant ist noch Platz, sodass dort der Fisch auf dem Teller schon bald richtig zur Geltung kommt. Es ist wunderbar, hier zu speisen, auf den künstlichen See zu sehen und das Treiben zu verfolgen. Stunden wirken hier wie Urlaubstage. Der Bootsverleih Wendefurth hat auch ein Riesenfloß mit Musik und Bar. An ausgewählten Tagen legt es ab (bitte erkundigen). Der Hit aber ist das Wallrunning: Abseilen von der Staumauer, ganz langsam senkrecht die Wand hinuntergehen. Das verschafft dem Körper den Adrenalinkick.

www.wendefurther-bootsverleih.de und www.harzdrenalin.de

73 ALTENBRAK

Der kleine Ort an der Bode ist für manche Ausgangspunkt einer Wanderung durchs Bodetal hinab nach Thale. Wer sich aber in dem Dorf etwas Zeit nimmt, findet die Waldbühne, die Heimatstube oder die Brauchtumsgruppe Weihnachtsmänner. Diese zieht am ersten Weihnachtstag morgens durch die Gemeinde und knallt mit Peitschen. Auch zum Nikolaustag sind die Männer aktiv. Es herrscht ein buntes Treiben. Schon Theodor Fontane fand den Ort genussvoll; er kehrte im Gasthaus zum Rodenstein ein und aß Schmerlen – einen kleinen, grünen Süßwasserfisch.

TIPP

Das nostalgische Bergschwimmbad Altenbrak wird mit Quellwasser gespeist und liegt oberhalb des ehemaligen Schützenplatzes in Richtung Jagdschloss Windenhütte.

Das Riesenfloß mit Musik ist ein Highlight bei Ausflügen an den künstlichen See.

Im Tretboot kann man entspannt die grüne Seelandschaft erkunden.

Sich wie Squaw und Cowboy fühlen, seinen eigenen Steckbrief entwerfen oder zum Ponyreiten gehen – in Pullman City lebt der Wilde Westen. In der Harzköhlerei wird gezeigt, wie früher Holzkohle entstand.

In der Köhlerhütte steckt viel Lebendigkeit. Neben Speis und Trank nach Köhlerart gibt es oft Musik und Tanz.

74 PULLMAN CITY

Cowboy und Indianer zu spielen, gefällt den meisten Kindern. Hier ist ihre Welt und auch die Erwachsenen haben ihren Spaß. Auf einem riesigen Areal wird mit Saloons, Kutschen, Kirche und Goldwaschen der Wilde Westen nachgebildet. Kinder verkleiden sich. Es laufen Action-Shows. Countrymusik ist zu hören. »Food and Drinks« sind amerikanisch. Da möchten manche bleiben und finden in Ranchhäusern, Blockhütten und einem Hotel nebenan dazu sogar Gelegenheit. Was ist das? Bisons sind zu sehen. Das Gefühl, im Wilden Westen zu sein, rundet sich weiter ab, denn nun geht es zum Bogenschießen.
www.westernstadt-im-harz.de

TIPP

Tonky Town ist eine große Spielwelt in einer Halle von Pullman City. Dort gibt es Kletterberge, Trampoline und viel Spielspaß.

75 HARZKÖHLEREI STEMBERGHAUS

»Gut Brand!«, so lautet der Ruf der Köhler. Früher waren sie unentbehrlich im Harz, denn sie erzeugten Holzkohle für die Verhüttung der hier abgebauten Erze. Dazu zündeten sie kegelförmig aufgeschichtete Holzstapel an. Da sie zuvor mit Erde und Moos abgedeckt wurden, schwelte der Brand vor sich hin. Das war auch das Ziel und verlangte über Stunden und Tage besondere Aufmerksamkeit. Heute gehört die Harzköhlerei zu den Relikten, die sich so zusammenfassen lassen: düstere Köten, flackernde Feuer, ärmliche Häuslichkeit. Doch zum Glück ist diese Tradition noch lebendig – im Stemberghaus mit dem Köhlereimuseum. Hier wird noch gebrannt und das Handwerk lässt sich bestens nachempfinden. Drum herum hat sich eine muntere Musik- und Tanzszene gebildet. Es gibt im August nicht nur das große Köhlerfest. Von März bis September läuft nebenan im Restaurant Köhlerhütte zudem Livemusik mit der Köhlerliesel oder Rock für Oldies.
www.harzkoehlerei.de

Wie einst im Wilden Westen
gibt es hier Saloons, Läden
und Ställe.

1 In Stolberg ist Handwerkskunst hautnah zu erleben. So wird an die reiche Vergangenheit erinnert.
2 Das Schloss ist das Wahrzeichen der Stadt.
3 Fachwerkgassen geben Stolberg ein freundliches Gesicht.

STOLBERG
Die Fürstliche

Am südöstlichen Harzrand gelegen, präsentiert sich die historische Europastadt fürstlich, historisch und mit Fachwerk.

76 SCHLOSS STOLBERG

Die paar Schritte aus der malerischen Altstadt mit ihren restaurierten Fachwerkhäusern im Renaissancestil hinauf zum hoch aufragenden Schloss sind schnell zu schaffen. Der Ausblick ist majestätisch wie die Anlage selbst. Sie ist baugeschichtlich spannend. Ein rundum imposantes Wahrzeichen, die Residenz der Grafen zu Stolberg vom 13. Jahrhundert bis 1945, ist hier zu erleben. Heute hat die Deutsche Stiftung Denkmalschutz die Anlage übernommen und restauriert sie. Besonders sehenswert ist auch der Schlossgarten, eine der besonderen Gartenanlagen Sachsen-Anhalts.

77 KLEINES BÜRGERHAUS

Mal war hier ein Zinngießer zu Hause, mal ein Schuh- und Leistenmacher. Es sieht aus, als hätten sie ein paar ihrer Handwerkszeuge liegen gelassen. Diese sind aber heute wertvolles Anschauungsmaterial, um zu zeigen, wie es damals zuging. Das Handwerk, wie es hier zu sehen ist, blühte im 16. Jahrhundert. So gewinnen die Besucher in einem der ältesten Häuser des Ortes einen präzisen Einblick in das Geschehen im früheren Stolberg. Die Stadt war einst reich und ein Anziehungspunkt für viele Durchreisende, von denen sich einige hier niederließen.

78 ALTE MÜNZE

Schon um 1000 entstand hier eine Bergmannssiedlung. Es wurden kräftig Eisen, Kupfer, Silber, Zinn und Gold abgebaut. Seit dem Mittelalter prägten die Grafen zu Stolberg Münzen, was ihnen großen Reichtum bescherte. Davon ist in diesem Museum einiges zu spüren. Dazu passt auch der hier geborene Thomas Müntzer. Als Widersacher von Martin Luther ist über sein Leben viel zu erfahren. Somit ist dieses Museum ein wichtiger Anlaufpunkt im Ort.
www.tourismus-suedharz.de

TIPP

Das AndersWeltTheater Stolberg bietet ein anspruchsvolles, packendes Programm: www.anderswelt-theater.de

Die Thyragrotte (1) zur Entspannung, das Josephskreuz (2) zur Aussicht. Löwen bewachen den imposanten Turm. Dann geht es hinab in die Schauhöhle (3).

STOLBERG
Vom Kreuz bis zur Höhle

Als eisernes Wahrzeichen mit Weitblick empfiehlt sich das Josephskreuz. Entspannen lässt sich in der Thyragrotte. Was der Fluss an Höhlen schuf, ist auch einen Abstecher wert.

79 JOSEPHSKREUZ

Wem Paris zu weit ist, der kann sich hier auch eine Art Eiffelturm ansehen: das Josephskreuz. Es steht auf dem Großen Auerberg, der immerhin 579 Meter hoch ist. Also etwas Anstieg einplanen beim Spaziergang. Der 38 Meter hohe stählerne Aussichtsturm ist das größte Doppeleisenkreuz der Welt – und die Erbauer nahmen sich tatsächlich den Eiffelturm zum Vorbild. Doch wichtiger ist der grandiose Weitblick, bei schönem Wetter bis zum Brocken. Das sind immerhin rund 35 Kilometer. Auch der Magdeburger Dom ist manchmal zu erkennen, und der liegt unglaubliche 70 Kilometer entfernt. Seit etwa 125 Jahren besteht das auffällige Bauwerk. Zuvor gab es Aussichtstürme aus Holz. Diese hielten jedoch nicht lange oder fingen nach einem Blitzschlag Feuer. So ist das Josephskreuz heute eines der Wahrzeichen im südlichen Harz – und einmalig auf der Welt.

80 THYRAGROTTE

Mitten im Wasser stellt diese Grotte einen geheimnisvollen Rückzugsplatz dar. Vielleicht gelingt es, hier ein paar kurze Momente der Ruhe zu finden. Auch sonst bietet die Bade- und Saunalandschaft Überraschungen. Kleine Geysire fauchen. Von Mai bis Oktober ist das Außenbecken der Spaßmittelpunkt. Für Kinder öffnet sich ein weites (Wasser-)Feld an Möglichkeiten. Begehrt sind die kostenfreien Angebote zur Wassergymnastik (Termine und Zeiten auf der Webseite). Übrigens entspringt die Thyra mitten in Stolberg: Die drei Bäche Große und Kleine Wilde sowie die Lude vereinen sich dort. Die Thyra fließt dann über die Helme in die Unstrut. www.thyragrotte-stolberg.de

81 SCHAUHÖHLE HEIMKEHLE

Als eine der größten Gipshöhlen Deutschlands hat sie eine traurige Vergangenheit: Tausende Häftlinge des KZ Mittelbau Dora bei Nordhausen mussten hier Rüstungsgüter und Teile für Flugzeuge herstellen. Die Wässer der Thyra haben die Höhlen über Jahrtausende ausgewaschen. Der größte Raum ist etwa 22 Meter hoch. Die Führungen durch die Unterwelt sind spannend gestaltet.
www.hoehle-heimkehle.de

TIPP

Wer den nahen Karstwanderweg nutzen möchte, findet auf der Seite www.karstwanderweg.de den passenden »Karst-Rap« (siehe 97 und 107).

HARZGERODE
Tor zum Selketal

Der schmucke Ort hat Tradition. Das nahe Alexisbad war sogar der erste Badeort Anhalts – ab 1809. Doch am schönsten ist es im nahen Selketal. Wer hier wandert, genießt.

1

82 SCHLOSS UND RATHAUS

Einen fast quadratischen Innenhof umschließt das Bauwerk von 1552. Innen im Schloss sind heimatliche Relikte vereint. Sie ermöglichen einen Blick in die Geschichte des Ortes und der Fürstenfamilie. Das Rathaus mit seinem Fachwerk auf Steinsockel ist imposant. Rund um den Marktplatz sind viele weitere Fachwerkbauten zu bewundern. Auch die Marienkirche sollte niemand verpassen.

83 SELKETAL

Laubwälder, ein sich schlängelnder Flusslauf und viele seltene Arten kennzeichnen das unter Naturschutz stehende Tal, das sich nordöstlich von Harzgerode öffnet. Fledermäuse segeln durch die Luft. Dazu zählen die Kleine Hufeisennase und das Braune Langohr. Specht, Amsel und Eisvogel haben hier ihr Revier. Erdkröten, Teichmolche und Feuersalamander leben ebenfalls im Selketal. Das Wasser der Selke plätschert fröhlich dahin und springt über kleine Wasserfälle. Eine Wanderung über den Selketal-Stieg bietet sich an (siehe 98).

1 Die Selke ist ein lieblicher Fluss und hübsch anzuschauen …
2 … genauso wie Harzgerode mit seinem Marktplatz.
3 Auch die Burg Falkenstein ist sehenswert.

84 BURG FALKENSTEIN

Die Höhenburg liegt tatsächlich erhöht – ganze 320 Meter. Sie wurde ab 1120 erbaut, liegt heute an der Straße der Romanik, die sich durch Sachsen-Anhalt zieht, und beherbergt ein Museum. Beim Minneturnier im Sommer streiten die besten Stimmen um Platz eins.

85 ALEXISBAD

Der kleine Ort hatte schon seit 1809 Kurbetrieb, weil dort gesundes Wasser aus der Erde fließt. Architekt Karl Friedrich Schinkel plante einige Häuser, und 1856 gründete sich hier der Verein Deutscher Ingenieure. Im Park erinnert ein Denkmal daran.

TIPP

Die Maschinenfabrik Carlswerk im Ortsteil Mägdesprung ist ein hübsches Relikt aus der Anfangszeit der Industrialisierung.

Ob beim Mammut (1), den Rosen (2) oder am Förderturm (3): Sangerhausen ist ein spannendes Ausflugsziel für die ganze Familie.

SANGERHAUSEN
Die Rosenstadt

Für Blumenfreunde ist es ein Mekka. Das Rosarium vereint betörende Düfte mit Anregungen für Gärtner und zeigt auch hohes Erlebnisniveau. Sehenswert sind Spenglers Mammut sowie das einmalige Schaubergwerk mit der Grubenfahrt.

86 EUROPA-ROSARIUM

Eintauchen in den Duft von fast 9000 Blüten. Das größte Rosenaufkommen der Welt betört von Frühjahr bis Herbst. Es geht aber nicht nur um Superlative und neue Arten, die hier gezüchtet werden, sondern ums Erfreuen und Verstehen. Dazu werden von den erfahrenen Gärtnern und Züchtern gern Tipps an Besucher weitergegeben. Auf die Kinder wartet eine Spiel- und Erlebniswelt. Viele Events mit Lichtern oder Klang lassen die Rosenwelt noch intensiver erleben. www.europa-rosarium.de

87 SPENGLER-MUSEUM

Gustav Adolf Spengler war Tischler, Heimatforscher und er grub Mammuts aus. 1930 fand er in einer Kiesgrube das Skelett eines Steppenelefanten und präparierte es. Sein originalgetreu restauriertes Haus ist als Außenstelle des Spengler-Museums zu sehen. Kurios: das Millionenzimmer, das Spengler mit wertlos gewordenen großen Geldscheinen tapezierte. Das Museum zeigt das Skelett sowie die Geschichte der Region. www.spenglermuseum.de

TIPP

Durch die historische Altstadt zu schlendern, sich Marktplatz und Stadtmauer anzusehen sowie in einem Café einzukehren, lohnt sich.

88 SCHAUBERGWERK RÖHRIGSCHACHT

Mit einer originalen Schachtförderanlage fahren die Besucher 283 Meter in die Tiefe und staunen, denn nun kommt die Grubenbahn und bringt sie in den noch tiefer liegenden Stollen. So lässt sich hautnah erleben, was Bergleute früher alles leisten mussten. Der Kupferschieferbergbau prägte 800 Jahre lang das Leben der Menschen und die Landschaft von Sangerhausen. Die weithin sichtbaren Abraumhalden können mehrmals im Jahr zu bestimmten Terminen bei einer Führung bestiegen werden.

www.sangerhausen-tourist.de

3

BAD FRANKENHAUSEN UND KYFFHÄUSER

Grandioses Panorama

Was der Leipziger Maler Werner Tübke hier geschaffen hat, verdient Weltruhm. Es sind nicht nur die Darstellungen, sondern auch die Anspielungen. Dazu bietet sich ein Kyffhäuserbesuch an.

1 Das Bauernkriegs-Panorama genießt Weltruhm.
2 Die Luftaufnahme vom Kyffhäuser zeigt die ganze Größe.
3 Das Freilichtmuseum ist ein schönes Familienziel.

89 BAD FRANKENHAUSEN

Die Kleinstadt am Südhang des Kyffhäusergebirges hat ein weit beachtetes Panorama, geschaffen vom Leipziger Maler Werner Tübke zur DDR-Zeit. Es zeigt auf 14 Meter hohen Wandgemälden die Schlacht von Frankenhausen. Auf den wohl größten Tafelbildern der Welt in dem Rundbau geht es um die Deutschen Bauernkriege, den revolutionären Theologen Thomas Müntzer und die (Un-)Menschlichkeit. Wer sich auch nur etwas in die großartigen Gemälde vertieft, verliert sich schnell in der Zeit und seinen Gedanken. Die plastische Wirkung ist enorm, die Ausleuchtung optimal. Bei Führungen wird alles noch genauer erläutert. Eine der Interpretationen der Gemälde lautet: Tübke wollte damit auch das zum Scheitern verurteilte Wirken der DDR darstellen. www.panorama-museum.de

90 KYFFHÄUSER

Es ragt monströs in den Himmel. Dieses Nationaldenkmal zu Ehren Kaiser Wilhelms I. ist nach dem Völkerschlachtdenkmal in Leipzig das zweitgrößte Nationaldenkmal in Deutschland. Im Museum wird alles historisch eingeordnet, von der Barbarossasage erzählt und die Reichsburg beschrieben. Draußen ist der Blick in die weite Ebene großartig. Auch kleine Wanderungen bieten sich an. Dazu eignet sich auch die Goldene Aue sehr gut, die sich zwischen Kyffhäuser und Sangerhausen entlang des Flusses Helme, der in die Unstrut fließt, erstreckt. www.kyffhaeuser-denkmal.de

TIPP

Das ungewöhnliche Knopfmachermuseum in Kelbra zeigt die Geschichte dieser wichtigen Industriesparte. www.knopfmachermuseum-kelbra.de

91 FREILICHTMUSEUM KÖNIGSPFALZ TILLEDA

Sie war die Residenz von Kaisern und Königen und liegt zu Füßen des Kyffhäusers. Vom 8. bis 13. Jahrhundert war die heute noch imposante Anlage in Betrieb. Die Wehranlagen lassen sich begehen. Sogar Mörtel mischen wie im Mittelalter ist möglich. Hufeisenwerfen, Tauziehen und Stabschleuderschießen sind weitere Disziplinen, die jeder hier zu gewissen Terminen ausprobieren kann. Auch Seminare, beispielsweise wie man sich seine eigenen Pfeilspitzen schmiedet, sind im Angebot.

www.pfalz-tilleda.de

LUTHERSTADT EISLEBEN
Alles über sein Leben

Das Leben und Lebenswerk des Reformators Martin Luther lässt sich in seiner Heimatstadt vorzüglich nachvollziehen. Es gibt aber noch weit mehr zu entdecken.

92 LUTHERS GEBURTSHAUS

Die Gebäude atmen Helligkeit und Freude. In den großzügig gestalteten Räumen ist nicht nur viel über Martin Luther zu erfahren, der hier am 10. November 1483 geboren wurde, sondern auch über die Zeit, die Herrschaftsverhältnisse und Sinnfragen des Lebens. Ein Rundgang ist selbst für diejenigen spannend, die nicht unbedingt viel mit Religion am Hut haben. Es ist auch einiges über die vielfältige Regionalgeschichte zu erfahren, die vom Bergbau geprägt wurde.
www.lutherstaedt-eisleben-mansfeld.de

93 ST.-PETRI-PAULI

In dieser Kirche ist Martin Luther einen Tag nach seiner Geburt getauft worden. Ein Stein erinnert daran. Die Kirche ist deshalb heute noch bedeutend, weil sie eine der wenigen Kirchen in Deutschland ist, die ein in den Fußboden eingelassenes Taufbecken mit warmem, bewegtem Wasser haben – ein Quell des Lebens gewissermaßen im hier neu eingerichteten »Zentrum Taufe«. Das Geburtshaus Luthers liegt nur wenige Meter entfernt.
www.lutherstaedt-eisleben-mansfeld.de

Lutherstadt Eisleben ist eine hübsche Kleinstadt (1), geprägt von Martin Luther mit seinem Geburtshaus (2) sowie der Taufkirche. Dort gibt es noch ein Taufbecken im Boden (3) – eine Seltenheit.

94 LUTHERS STERBEHAUS

Auch dieses Gebäude am Andreaskirchplatz ist frisch renoviert und mit einer interaktiven Ausstellung ein weiterer Höhepunkt in der Stadt. Es ist zwar nicht das originale Sterbehaus – dieses liegt am Marktplatz, wo sich heute das Hotel Graf Mansfeld befindet –, aber es bietet guten Zugang zur letzten Reise des weltbekannten Reformators, die er in seinem Heimatort eher zufällig antrat. Luther war hier, um einen Erbstreit in der Mansfelder Grafenfamilie zu schlichten. Gezeichnet von Krankheiten starb er 1546 in einer Kammer. www.martinluther.de

95 LUTHERS ELTERNHAUS

Im nahen Mansfeld steht das restaurierte Elternhaus. Hier verbrachte Luther den größten Teil seiner Kindheit. Er ging zur Lateinschule. Sein Vater Hans Luder (so hieß die Familie damals) war Hütten- und Bergwerksbesitzer. Murmeln, mit denen der kleine Martin spielte, sind zu sehen. Auch sonst ist das Haus mit Alltagsgegenständen ausgestattet. www.martinluther.de

TIPP

Der Marktplatz, die Stadtmauer und die Gassen sind einen kleinen Rundgang wert. Es gibt ein paar urige Lokale dazu.

WANDERUNGEN FÜR ...

Das Bodetal gehört zu den schönsten Tälern des Harzes mit Treseburg (1) und der Teufelsbrücke (2). Sie führt über den wilden Fluss.

96 DICHTER: Das Bodetal von Altenbrak nach Thale

Vom Großparkplatz von Altenbrak wandern wir an den Falkenklippen vorbei über Treseburg nach Thale. Bodekessel und Teufelsbrücke liegen auf dem Weg. Die Symbole Hexe und blaues Dreieck weisen den rund elf Kilometer langen Pfad. Auf diesem Abschnitt hat die Bode rund 100 Meter Gefälle. 22 geologische Wegpunkte liegen an der Strecke. Dieser kleine Canyon hat schon viele Dichter inspiriert. Sie auch?

97 GIPSFREUNDE: Vom Thyratal bis Steigerthal

Der Karstwanderweg bietet an vielen Stellen ein hervorragendes Landschaftserlebnis. Dies ist eines davon. Start bei Uftrungen (südlich Stolberg), dann über die Gipskarstlandschaft Heimkehle mit vielen Dolinen (also Senkungen) bis zum Alten Stolberg und zur Kalkhütte. Weiter geht es bis Steigerthal. Wer nun Lust auf mehr des grandiosen Weges bekommen hat, kann noch bis Förste in Niedersachsen weiterwandern.

98 BAHNFAHRER: Von Alexisbad bis Burg Falkenstein

Dieser Teil des Selketal-Stiegs ist schon ein guter Auftakt. Zuerst fahren wir mit der Schmalspurbahn von Quedlinburg bis Alexisbad, den ersten Badeort Anhalts im Jahre 1809. Dann weiter über den Stieg durch Mägdesprung und durchs Selketal bis zur Burg Falkenstein. Wer Lust hat, wandert den Rest der Strecke bis nach Gernrode, denn dort fährt die Selketalbahn wieder vorbei – Ziel Quedlinburg. Insgesamt sind es dann 67 Kilometer, also auf jeden Fall genug für zwei Tage.

99 LUTHERFREUNDE:
Von Lutherstadt Eisleben nach Mansfeld

Die rund 18 Kilometer lange Strecke beginnt mitten in Eisleben und führt durch das Katharinenholz über Kreisfeld nach Annarode sowie über den Wachsberg. Schließlich geht es weiter bis Mansfeld. Die Strecke bietet Abwechslung zwischen Dörfern und hügeliger Landschaft und verläuft mit leichten Auf- und Abstiegen. Sie ist in etwa fünf Stunden gut zu bewältigen und verbindet Luthers Heimatorte.

Die Gipslandschaft im Südharz (1) lockt ebenso wie verwunschene Baumpfade am Selketal-Stieg (2).

TOURENKARTEN
zu allen Wanderungen ab S. 160

Rast mit Blick auf Wald und
Wiesen – St. Andreasberg
lässt sich prima umrunden

KUREN UND KURVEN

Der Süden

Der Südharz ist geprägt von einer einmaligen Karstlandschaft mit der großen Attraktion Einhornhöhle. Dort den Klängen von Tonmeistern zu lauschen, inspiriert. Dann lockt das Naturidyll Siebertal mit seinen unzähligen Wanderangeboten, denn es ist eines der wenigen Harztäler, die noch fast in ihrem ursprünglichen Zustand erhalten sind. Unweit balzen die Auerhähne und lassen sich im Schaugehege in Lonau dabei zusehen. Das rundet das Naturerlebnis ab. Als kulturelle Leuchttürme stehen Nordhausen mit seinen Häusern für Kunst und Kultur ganz oben an sowie auch Walkenried. Das mittelalterliche Kloster ist als Museum europaweit beachtet und vermittelt bei Konzerten im Kreuzgang oder bei Kerzenlicht ganz besondere Eindrücke. Auch Bad Sachsa und Bad Lauterberg haben kulturell einiges zu bieten. In beiden Kurorten gibt es heute modernste Wellnesseinrichtungen und ein breites Angebot an Wander-, Bike- und Langlaufmöglichkeiten. Der Süden vereint Natur und Kultur vorbildlich.

DIE GRÖSSTEN KULTURELLEN LEUCHTTÜRME DER REGION:

1. Flohburg

2. Kunsthaus Meyenburg

3. Museum Tabakspeicher

4. IFA-Museum

5. Nordhäuser Traditionsbrennerei

6. Kloster Walkenried

7. Glasmuseum Steina

8. Grenzlandmuseum

9. Einhornhöhle

10. Schloss Herzberg

NORDHAUSEN
Die Kulturelle

Handwerk, Kunst und Kultur gehören zu den Stichworten, unter denen drei sehr sehenswerte Häuser in Nordhausen Spannendes vorzeigen. Sie alle sind liebevoll gestaltet und voller Originalität.

Die Flohburg (1) hat einen modernen Anbau. Das Museum Tabakspeicher (2) bietet Geschichte zum Anfassen.

100 KUNSTHAUS MEYENBURG

Möbel aus früheren Jahrhunderten schmücken die Räume der Jugendstilvilla. Dazu sind immer wieder neue, viel geschätzte Kunstausstellungen mit Werken der Moderne zu sehen. Das zeichnet das hübsche Haus mit dem Turm aus. Von dort reicht übrigens der Blick oft bis hinüber zum Kyffhäuser. Auch die städtische Kunstsammlung ist im Haus zu finden. In jedem Fall lohnt sich ein Besuch in diesem charmanten Haus von 1908 mit dem dazugehörigen Park.
www.nordhausen.de

101 FLOHBURG

Das gotische Fachwerkhaus gehört zu den ältesten der Region und zeigt Stadtgeschichte auf mehreren Ebenen. Sie ist übersichtlich und klar dargestellt. Es gibt überraschende Funde, alt eingerichtete Zimmer mit Raritäten sowie die Himmelgarten-Bibliothek. Sie umfasst vier Bände mit lateinischen Handschriften aus dem 15. Jahrhundert, seltene Drucke sowie weitere Unikate. Imposant sind der neue Anbau des Museums und der Garten mit Skulpturen.
www.nordhausen.de

102 MUSEUM TABAKSPEICHER

Die Tabak- und Zigarrenfabrik Walther & Sevin lagerte in dem 1712 erbauten Fachwerkhaus Tabak. Auch Kautabak war damals beliebt. Heute sind hier die wichtigsten Handwerke zu sehen, die einst zum Reichtum Nordhausens beitrugen. Blaudruck- und Schuhmacherhandwerk gehörten dazu. Ebenso waren Schneider und Kürschner wichtig in der Geschichte der Stadt. Alles wird hübsch zur Schau gestellt. Ein historischer Kinosaal ist auch vorhanden. Aktuelle Ausstellungen begleiten das Angebot.
www.nordhausen.de

Das Kunsthaus Meyenburg (1) und das IFA-Museum (2) sind beide einen Besuch wert.

103 IFA-MUSEUM

Das IFA-Museum erinnert daran, dass Nordhausen einst das Zentrum für den Bau von Loks, Dieselmotoren und Traktoren war. Als das IFA-Motorenwerk Nordhausen 1992 für immer schließen musste, endete eine fast neunzigjährige Ära. Grubenloks, Schlepper und Dieselmotoren wurden produziert. Auch Traktoren, darunter der »Maulwurf« und die »Brockenhexe«.
www.ifa-museum-nordhausen.de

NORDHAUSEN
Die Rolandstadt

Die formschöne, rote Rolandstatue am Rathaus ist ein idealer Treffpunkt, um die Innenstadt mit ihren Gassen, der Stadtmauer und den hübschen Kirchen zu erkunden. Die Traditionsbrennerei gehört dazu.

Wie der Schnaps entsteht:
Bei Führungen wird es in der
Traditionsbrennerei genau
erläutert.

104 NORDHÄUSER TRADITIONSBRENNEREI

Die Reise vom »Korn zum Korn« kann hier jeder bei einer Führung durch die Fabrik für Hochprozentiges gut nachvollziehen. Die Kunst des Brennens ist seit mehr als 500 Jahren an diesem Ort erprobt, die Rohstoffe kommen aus der Region, und der Genuss im Anschluss des Rundgangs ist garantiert. Heute wird nicht nur Korn gebrannt, es gehören auch Liköre und Gin dazu. Die aktuellen Geschmackserwartungen werden beim Publikum getroffen. Es sind Gegenstände aller Art zu bewundern, die früher zum Destillieren und Abfüllen erdacht wurden. »Alles Gute braucht seine Zeit«, heißt es etwa im alten Fasskeller. Somit ist auch klar, worauf hier Wert gelegt wird: Qualität geht vor Schnelligkeit.
www.traditionsbrennerei.de

105 MITTELBAU-DORA

In den Stollen und den Außenlagern mussten einst mehr als 60 000 Häftlinge Rüstungsgüter herstellen. Die KZ-Gedenkstätte ist auf den Ruinen der Anlage und Resten der Baracken außerhalb von Nordhausen errichtet und präsentiert in moderner Form das kaum fassbare Schicksal der Zwangsarbeiter aus der Nazizeit. Die unmenschlichen Bedingungen, die Todesraten und die Umstände der Gründung von »Dora« im Sommer 1943 als Außenlager des KZ Buchenwald werden beleuchtet. Gegenstände des Lageralltags, die später hier geborgen wurden, veranschaulichen die finstere Zeit nachdrücklich. Dazu gehört auch ein Blick ins Totenbuch des KZ Mittelbau-Dora. Amerikanische Truppen lösten das Lager im April 1945 auf. 1995 wurde ein kleiner Teil der Stollen öffentlich zugänglich gemacht.
www.buchenwald.de

TIPP

Die Harzer Schmalspurbahn bringt Besucher von Nordhausen bis zum Brocken, nach Wernigerode oder Quedlinburg.
www.hsb-wr.de

Die Eingänge der Stollen erinnern an das dramatische Schicksal der Zwangsarbeiter.

In solchen Waggons wurden die Zwangsarbeiter transportiert.

WALKENRIED
Heute im Mittelalter

Ein Rundgang durchs Kloster und sein ZisterzienserMuseum beschäftigt alle Sinne. Beliebt sind auch die Kreuzgangkonzerte und Kerzenscheinführungen.

106 KLOSTER WALKENRIED

Kerzenlicht flackert überall. Die Gänge des Klosters leuchten sanft. In dieser Atmosphäre eine Führung zu erleben, gehört zu den Höhepunkten eines Besuchs dieses innovativen Klostermuseums. Der Kreuzgang in seiner faszinierenden Architektur des Mittelalters und die früheren Räume der Mönche sind zu sehen. Wie die Zisterzienser hier einst beteten und arbeiteten, erläutert die Museumsführerin. Es war ein spannendes Leben, das die Mönche hier führten. Übrigens ist der gotische Kreuzgang so gebaut und ausgestattet, dass hier auch die klassischen Konzerte ein besonderes Flair vermitteln. Dazu treten von Mai bis Dezember internationale Stars auf. Es spielen örtliche Orchester. Jazz erklingt. Dann sind wieder Musiker mit Keltenklängen zu hören.

Das in der Klosteranlage beheimatete ZisterzienserMusum zeigt archäologische Funde der Umgebung. Verhaltensregeln des mittelalterlichen Zisterzienserordens werden vermittelt. Abtei, Brunnenhaus, Brüdersaal und Kreuzgarten gehören zu den Besonderheiten. Zentrum aber war der Kapitelsaal. Dort lasen die Mönche täglich aus der Regel des heiligen Benedikt. Um ein Lesepult in der Raummitte gab es eine umlaufende Bank, auf der die Mönche Platz nahmen. Die Gemeinschaft traf in dem Saal alle wichtigen spirituellen und wirtschaftlichen Entscheidungen. www.kloster-walkenried.de

TIPP

Der Klostermarkt im September ist das jährliche Highlight, denn dort verbinden sich Marktatmosphäre mit Religiösem und Kulinarik mit Kultur.

Eintauchen ins Mittelalter – das Kloster Walkenried ist mit seinem Museum, der einmaligen Anlage und den Konzerten der ideale Ort dazu.

WALKENRIED
Einmal Mönch sein

Was die Mönche in mehreren Jahrhunderten im Harz schufen, ist beeindruckend. Die Stichworte lauten: Wasser- und Agrarwirtschaft, Fischwirtschaft, Waldwirtschaft, Bergbau, Verhüttung und Klosterleben.

Kapuzen zu tragen, das gehört bei einigen Führungen dazu.

»Kleine Mönche auf Zeit« tragen weiße Kutten mit Kapuze. Sie wuseln durch das Kloster, angeleitet von einer Museumsführerin. Diese Erkundungstour dauert rund eine Stunde und ist für Fünf- bis Zehnjährige gedacht, die eine Vorstellung vom Klosterleben bekommen möchten. Mönche hatten feste Betzeiten, die dem Tagesablauf eine unumstößliche Struktur verliehen. Von der Vigil, meist zwischen ein und vier Uhr morgens, über weitere Stundengebete bis zum Komplet, der Schlussandacht, verteilten sich die gemeinsamen Gebete über den Tag. Neben Lesungen gehörte aber auch die Arbeit bei den Zisterziensern zum Lebensinhalt. In Walkenried errichteten die Zisterzienser ab dem Jahr 1129 das romanische Kloster, ein gotischer Neubau folgte im 13. Jahrhundert. Die Gegend erfüllte alle Kriterien: Ein Bach – die Wieda – floss, es gab viel Platz für Ackerbau und keine Siedlung in der Nähe. So entstand hier das dritte Zisterzienserkloster im deutschsprachigen Raum. Der Orden selbst kommt ursprünglich aus dem Burgund.

Nun machten sich die wassertechnisch geschulten Mönche ans Werk. Sie legten den Sumpf der Umgebung trocken und ließen Getreide sprießen. Es entstanden insgesamt rund 30 Gutshöfe vor allem am Harzrand. Nachgewiesen werden können rund 50 Teiche für die klostereigene Fischwirtschaft. In der Nähe der Klosteranlage ist noch heute eine reizvolle Teichlandschaft erhalten. Der Bergbau aber war von Anbeginn an das wichtigste wirtschaftliche Standbein der Walkenrieder Mönche. Zwei Jahrhunderte lang betrieben sie im Harz Bergbau und besaßen dazu große Waldgebiete für die Herstellung von Holzkohle die zum Verhütten der Erze wichtig war. Die Nutzung der Wasserkraft für ihre Montanwirtschaft lässt sich als Vorläufer für die spätere Oberharzer Wasserwirtschaft ansehen, einem ausgeklügelten System von Gräben und Teichen, das die großen Wasserräder für den Bergbau antrieb. So konnten die Stollen entwässert und Erze gefördert werden. Mehr über die findigen, in weiß gekleideten Mönche lässt sich im ZisterzienserMuseum erfahren.

TIPP

Mit dem Audio-Guide (auch für Kinder) macht die Tour durchs Museum besonders viel Spaß.

www.kloster-walkenried.de

Konzerte im Kreuzgang sind
der Höhepunkt im Kalender
des Klosters.

Gipsabbau (1) wird noch heute betrieben. Die Karstlandschaft (2) breitet sich am Südrand des Harzes aus und bietet viele Wanderwege. Sie führen auch über die ehemalige Grenze (3).

NEUHOF
Mitten im Karst

Der poröse Untergrund und Wasser haben hier im Laufe der Zeit eine einmalige Landschaft entstehen lassen. Der Karstwanderweg führt hindurch.

107 KARSTLANDSCHAFT

Weiße Gipssteinbrüche von einst säumen den Weg durch die Landschaft um Neuhof. Zwischen Tettenborn und Neuhof, südlich von Walkenried und südlich von Ellrich sind sie zu sehen. Der Karstwanderweg verbindet sie. Mehr noch: Er führt einem auf 239 Kilometern durch Niedersachsen, Sachsen-Anhalt und Thüringen vor Augen, was vor Millionen von Jahren aus dem leicht löslichen Gestein entstand. Dolinen und Höhlen bildeten sich, denn das Wasser hat an vielen Stellen den Untergrund ausgehöhlt. Einmalige Pflanzengemeinschaften wachsen hier, darunter Fransenenzian und Hopfenklee. Schmetterlinge, Sandwespen, kleine Reptilien und viele Vogelarten haben ihren Lebensraum. Das Naturschutzgebiet Bad Sachsa und Walkenried sichert auf 378 Hektar den Gipskarst – einmalig in Deutschland.
www.karstwanderweg.de

108 KRANICHTEICHE

Mönche haben sie angelegt. Die kleinen Seen gehörten zum Zisterzienserkloster Walkenried und dienten einst der Fischzucht. In dem kalkhaltigen, sauberen Wasser tummeln sich Forellen, Aale, Hechte, Karpfen und Schleien. Oberer und Unterer Kranichteich sind jedenfalls ein Paradies für Angler. Es sind auch Kammmolche im Wasser zu sehen. Armleuchteralgen wachsen. Die Rohrweihe, ein imposanter Greifvogel, lässt sich hier öfter blicken. Heute führt ein etwa drei Kilometer langer Lehrpfad zu den Themen Gips, Karst sowie Flora und Fauna an den Teichen entlang. Auf Tafeln wird alles bestens erläutert. Ein alter Gipsbrennofen ist zu bewundern. Ein Stichweg führt zum Steinbruch Kranichstein.

109 SACHSENSTEINKLIPPEN

Das Naturdenkmal zwischen Neuhof und Bad Sachsa zählt zu den Harzklippen. Das Granitmassiv liegt auf einer Höhe von 320 Metern und ist imposant. Der Blick von dort oben in die Ebene auf Neuhof zeigt die Vielfalt der Kulturlandschaft. Noch heute wird im Südharz Gips abgebaut, der in der Industrie für vielerlei chemische Prozesse gefragt ist. So kommt es an manchen Stellen zu Konflikten mit Naturschützern.

TIPP

Ganz in der Nähe von Neuhof verlief 40 Jahre lang die innerdeutsche Grenze. Es lohnt sich, hier entlangzufahren und nach Relikten wie alten Wachtürmen und dem Grünen Band Ausschau zu halten.

3

Halt!
Hier
Grenze
Bundesgrenzschutz

Eine hübsche Wassertreppe im sehenswerten Kurpark Bad Sachsa

Als Kurort schon seit 1905 bekannt, bietet der Ort heute moderne Wellnessanlagen, Kurhaus, Vitalpark, Therme sowie Freizeitreviere zum Wandern, Biken und Langlauf.

111 GRENZLANDMUSEUM

Im Haus des Kurgastes im Kurpark Bad Sachsa wird die Vergangenheit der deutschen Teilung noch einmal nacherzählt. Dann kommen an besonderen Terminen Betroffene zu Wort. Das Haus selbst zeigt, wie die nahe Grenze das Leben beeinträchtigte, und was Flucht und Tod bedeuteten. www.bad-sachsa.de

112 WINTERSPORT- UND HEIMATMUSEUM

Wie sich die Kurstadt mit Jugendstilarchitektur (das Rathaus zählt dazu) und Heilklima entwickelt hat, wird hier nachgezeichnet. Wintersport am Ravensberg hat durchaus Geschichte. Immerhin ist hier der Lenkschlitten des Deutschen Rodelmeisters von 1952 bis 1954, Karl Lautenbach, zu bewundern. www.bad-sachsa.de

110 SCHMELZTEICH

Hübsch gelegen und mit einer Promenade versehen, schmiegt sich der Teich ins nordwestliche Stadtgebiet. Hier lassen sich im Sommer Boote ausleihen. Der nahe Wald lockt zum Spaziergang. Am Ufer an der Bismarckstraße breitet sich eine Wellnessanlage mit Hotel und Restaurant aus. Dort abzutauchen, ist pure Entspannung. Weitere Anwendungen bieten das Kurhaus, die Therme und der Vitalpark. www.bad-sachsa.de

113 GLASMUSEUM STEINA

Die Waldglashüttenzeit liegt schon ein paar Jahrhunderte zurück, gerade deshalb wird auf der »Gläsernen Spur« in diesem Ortsteil von Bad Sachsa viel präsentiert. Das Museum am Kirchplatz weiß mit seltenen Relikten aufzuwarten. Leuchtende Quarze haben die Menschen schon immer begeistert. Steina war das Glasmacherdorf schlechthin. www.glasmuseum-steina.de

TIPP

Der Harzfalkenhof nordwestlich von Bad Sachsa zeigt Greifvögel bei Flugvorführungen und feiert große Zuchterfolge.
www.bad-sachsa.de und www.bad-sachsa.de/bad-sachsa/harzfalkenhof

Der Kurpark Bad Sachsa ist hübsch anzuschauen.

Das Glasmuseum Steina erinnert an die goldene Zeit der Glasmacher im Ort.

Glasmuseum

Der Ravensberg bietet beste Weitblicke und ist auch sonst ein begehrtes Ziel von Wanderern und Radfahrern. Zorge und Wieda gelten als versteckte Dorfidyllen und sind einen Abstecher wert.

Das etwas abseits gelegene Zorge gilt noch als Geheimtipp.

115 ZORGE

Es ist nicht die Whiskybrennerei allein (Hammerschmiede Spirituosen seit 1985), die diesem Ortsteil von Walkenried etwas Geheimnisvolles verleiht. Es sind die Misch- und Buchenwälder, die die Wanderer anziehen, die Fachwerkhäuser und vor allem die Abgeschiedenheit. Schon lange gilt die kleine Gemeinde, versehen mit Waldschwimmbad und Sommerrodelbahn, als Geheimtipp. Hier ist das Leben noch wie einst – geruhsam und fern jeder Hektik.
www.walkenried-tourismus.de

114 RAVENSBERG

Mountainbiker lieben die Strecken zum Ravensberg und von dort weiter durch die Berge. Der 660 Meter hohe Berg mit seinem Ausflugslokal liegt rund fünf Kilometer nördlich von Bad Sachsa und bietet bei schönem Wetter Weitblicke zum Brocken und Kyffhäuser. Der weithin sichtbare Turm war einst mit Anlagen zur elektronischen Ausspähung in die DDR hinein bestückt. Das Netz von Wanderwegen ist großartig, gut ausgeschildert und mit Schutzhütten versehen.

116 WIEDA

Wer das Glück hat, zum Straßenfest »Spelle varn Schwelle« zu kommen, findet die kleine Gemeinde in Aufruhr. Da geht es lustig zu, wird getanzt und gefeiert. Auf andere Weise stimmungsvoll ist die Krippenweihnacht im Advent. Dazu sind viele Krippenstationen aufgebaut. Die Wildfütterung im Bahnhof Stöberhai oder eine Langlauftour lässt sich damit verbinden.
www.walkenried-tourismus.de

TIPP

Selbstverständlich sollte man sich nach dem erfolgreichen Aufstieg mit einer Brotzeit im Lusenschutzhaus, knapp unterhalb des Gipfels, belohnen. www.lusenwirt.de

Blick auf Bad Sachsa und den
Ravensberg im Hintergrund

Die Abhöranlagen auf dem
Ravensberg waren zur DDR-
Zeit legendär.

BAD LAUTERBERG
Von Bergen umgeben

An Aussichtspunkten rund um die Südharzgemeinde mangelt es nicht. Der Kurort zeigt zudem eine erfrischende Mischung aus Tradition und Moderne.

Freiflug inklusive – eine Gondel ziert den Hausberg, doch sie hebt nicht ab. Dafür ist das Gefühl, hier oben über Bad Lauterberg zu stehen, erhebend.

117 HAUSBERG

Bauchkitzeln inklusive: Wer mit dem Sessellift vom Ort aus hinauffährt, erlebt eine der steilsten Steigungen einer Bahn dieser Art in Deutschland. Oben bietet sich ein Ausblick über Bad Lauterberg und die umliegenden Berge. Auf der Sonnenterrasse kann man speisen und trinken – was für ein Genuss! Paare heiraten hier oben. Dazu gibt es extra ein Turmzimmer im Lokal. Es ist modern eingerichtet, das ursprüngliche Haus schon vor mehr als 100 Jahren gebaut worden. Im Mittelalter stand hier eine mächtige Burg.
www.bg-hausberg.de

118 BISMARCKTURM

Noch höher hinauf geht es am Bismarckturm. Auf 536 Metern liegt die höchste Gaststätte des Ortes. Sie ist urig eingerichtet. Wer draußen sitzt, kann sich an den Harzer Spezialitäten erfreuen und dazu in die Bergwelt schauen. Der Aussichtsturm verschafft dann den Rundumblick über den Südharz. Turmfeste werden hier gefeiert. Drollig sind die Waschbären. Sie leben unten in einem Gehege und lassen sich aus nächster Nähe beäugen.
www.bismarckturmbadlauterberg.de

119 INNENSTADT

Der Schrothkurort setzt auf Gesundheit. Deshalb sind viele Gäste hier. Die Hauptstraße ist ein Boulevard zum Schlendern und Einkaufen. Neben Bioläden sind Cafés zu finden. Läden mit variantenreichem Sortiment verführen zum Stöbern. Es gibt eine erfrischende Mischung aus Tradition und Moderne, die auch den ganzen Ort prägt.
www.badlauterberg.de

TIPP

Mountainbiken im Harz auf gemächlichen oder ambitionierten Routen ist von Bad Lauterberg aus sehr beliebt.
www.volksbank-arena-harz.de

Der Bismarckturm ist von Bad Lauterberg aus ein weiteres Wanderziel.

Die Fußgängerzone lädt zum Einkaufsbummel ein.

Ganz auf Entspannung setzt das Kneippheilbad mit den beiden Thermen. So viel konzentrierte Wellness gibt es selten im Harz.

In der Scholmzeche wurde einst Eisenstein abgebaut.

121 HEIMATMUSEUM

Hier auf eine beachtliche Sammlung von Vögeln und Schmetterlingen zu treffen, ist erstaunlich. Doch es ist ein wunderbarer Einstieg in das Naturerleben der Umgebung. Bergbau, Mineralien, die Königshütte sowie Nagelschmiede und Tischlerwerkstatt sind weitere Themen. Auch dem Afrikaforscher Hermann von Wissmann ist eine Ecke gewidmet. www.badlauterberg.de

122 SCHOLMZECHE

Die 200 Meter Stollen vermitteln schon einen Eindruck, wie es früher hier zugegangen sein mag. Der Stollenführer erzählt dazu, wie der Eisenstein abgebaut wurde. Es ist eine lang vergangene Zeit, die hier sozusagen zu Tage tritt – staunende Blicke der Besucher sind garantiert.

120 VITAMAR UND KIRCHBERG-THERME

Diese beiden Thermen mit Sauna- und Wellnesslandschaft sind die Anker der Freizeitfreuden. Hier lässt sich wunderbar ausspannen. Mondschein-Welle, Saunanacht oder FKK-Schwimmen locken viele ins Vitamar. Baden mit Wasserfall, Wildbach und subtropischer Pflanzenwelt erfreuen die Besucher in der Kirchberg-Therme. www.vitamar.de und www.kirchbergtherme.de

TIPP

Ungewöhnlich und wohl sonst nirgends zu sehen, ist ein Museum zum Thema Diabetes. Es befindet sich mit historischen Präparaten und Geräten im Wintergarten des Diabeteszentrums.

Auch eine Sammlung von Schmetterlingen gehört zum Heimatmuseum.

Kleine Zeitreise im Heimat-museum

SCHARZFELD
Das Höhlenwunder

Schon der Universalgelehrte
Gottfried Wilhelm Leibniz
war von der Einhornhöhle
fasziniert. Die Lichtspiele sind
einmalig.

Das »Leibnitz-Einhorn« vor
dem Höhleneingang

123 EINHORNHÖHLE

Es tropft von der Decke. Es ist kalt. Dann Lichtstrahlen von
oben. Die Einhornhöhle wirkt wie ein verwunschener Ort. Von
Mai bis Oktober ist sie geöffnet und bei einer Führung wird
klar, wie viel Zauber da drinsteckt. Daher ist das sinnliche Erlebnis bei einer Erlebnisführung oder aber – noch schöner –
bei einem der Klang-Events in der Höhle am größten. Große
Gongs erklingen, Klangschalen werden angeschlagen, Ras-
seln bewegt. Dann die Augen schließen. Es eröffnet sich der
weite Weg der Fantasie. Danach herrscht wieder Stille. Der
Gast kommt zur Ruhe und beginnt eine innere Reise. So wirkt
das Labyrinth der Höhle anziehend. Es macht neugierig, und
das ist schon immer so gewesen. 1685 kam das Universalgenie
Gottfried Wilhelm Leibniz vorbei, denn er war fasziniert von
den Knochenfunden in der Höhle, die er dem Einhorn zuord-
nete; er beschrieb auch eines in seinem Werk »Protogaea«. Ein
größerer Raum in der Höhle ist sogar nach Leibniz benannt.
Auch Goethe besuchte 1784 auf seiner dritten Harzreise diese
Höhle und war beeindruckt von der Harzer Unterwelt.
Nun hat zwar noch niemand ein Einhorn gesehen, aber die
frühen Knochen- und Zahnfunde in der Höhle erinnerten die
Menschen an dieses Fabelwesen. Bereits im Mittelalter wurden die Knochenfunde als Einhornknochen europaweit in
Apotheken verkauft – heute wissen wir, dass es sich um Höh-
lenbärenknochen handelte. Schon war ein Name für die sich
verzweigende Karsthöhle von rund 700 Metern Länge mit den
eigentümlichen Hallen darin gefunden. Auch wissen wir heute,
dass Neandertaler über lange Zeit in dieser Höhle lebten.
Das Haus Einhorn vor dem Eingang, zugleich Geopark-In-
fozentrum, vermittelt im Museumsbereich einiges aus der
Vergangenheit. Das Café dabei kann nach dem Besuch der
Gänge unter Tage zum Aufwärmen dienen, denn in der Höhle herrschen konstant sieben Grad.
www.einhornhoehle.de

NÖRDLICH VON SCHARZFELD ZWISCHEN
HERZBERG UND BAD LAUTERBERG LIEGT
VERSTECKT IM WALD DIE EINHORNHÖHLE. WER
SIE BETRITT, DEN ERWARTEN MYSTIK UND
SINNLICHE ERLEBNISSE.

TIPP

Die Burgruine Scharzfels ist ein beliebtes Ausflugsziel – zum
Schauen und Einkehren im Restaurant.
www.burgruine-scharzfels.de

HERZBERG
Der Welfenhort

Das Schloss bietet neben dem schönen Innenhof ein sehenswertes Museum.

Die »Mutter Europas« lebte einst in diesem wunderbaren Schloss

Die Welfengeschichte zeigt sich auch anhand alter Wappen.

124 SCHLOSS HERZBERG

Der Altstadtkern hat hübsche Bürger- und ehemalige Herrenhäuser der Hüttenbesitzer zu bieten. Ein Gang durch die Gassen lohnt sich. Über allem aber thront der Schlossberg mit einem lang gestreckten Fachwerkbau. Das Schloss, erstmals in einer Schenkungsurkunde Heinrich des Löwen 1154 erwähnt, ist so etwas wie die Wiege der Welfen. Und die haben immerhin 123 Jahre lang Großbritannien regiert. Also nichts wie hinein ins Schlossmuseum. Schon im großen Innenhof fällt der reich verzierte Uhrenturm auf. Die Schnitzereien haben vielerlei Bedeutungen, die während einer Führung erläutert werden. Mehr noch ist das im Innern der Fall, denn auf einer besonderen Tapete sind viele Szenen der Welfenfamilie abgebildet. Das sollten sich Besucher genauer erläutern lassen. So erschließt sich rasch, wie und mit wem sich die Welfen als Herrscher von hier aus ausbreiteten. Anna Eleonore ist da besonders zu beachten. Sie gilt als die »Mutter Europas«. Ihre vier Söhne und vier Töchter heirateten standesgemäß in die umliegenden Königshäuser ein. Schließlich wurde auch ein Ernst August geboren. Dieser regierte das Fürstentum Hannover. Sein ältester Sohn Georg Ludwig bestieg dann 1714 als Georg I. den Thron in London. So begann die Personalunion des Hauses Hannover mit England. Sich in den Räumen umzusehen, macht Spaß. Viele Details sind zu entdecken, seltene Objekte zu finden. Dazu gehört auch ein Nachdruck des Evangeliars Heinrich des Löwen. Dann wieder faszinieren die vielen Miniaturen, mit denen die Geschichte des Harzes nachgestellt wird.

ÜBER DEM HÜBSCHEN KERN DER ALTSTADT ERHEBT SICH DAS STOLZE SCHLOSS. IN IHM WURDE WELFENGESCHICHTE GESCHRIEBEN – ZUNÄCHST VON DER »MUTTER EUROPAS«, DANN VON IHREN NACHFAHREN.

TIPP

Der Seelenpfad führt als Rundweg auf 1,2 Kilometern von der Klinik Herzberg aus durch den Buchenwald.

Hier kann man erleben, wo und wie die Auerhähne balzen.

LONAU
Wo die Auerhähne tanzen

125 AUERHUHN-SCHAUGEHEGE

Wo laufen sie denn? Die Auerhühner huschen, durch die Farbgebung ihres Gefieders getarnt, unauffällig zwischen den Büschen hindurch. Es ist Frühjahr und somit Balzzeit. Für Besucher ist immerhin zu hören, wie die Auerhähne rascheln, trommeln oder ploppen. Das jederzeit frei zugängliche Gehege ist eine perfekte Beobachtungsstelle für die scheuen Hühner. Vom Dorfgemeinschaftshaus (darin befinden sich eine Infostelle und eine Rangerstation des Nationalparks) im Zentrum des 300-Einwohner-Ortes ist es nur ein Fußweg von etwa 15 Minuten durch die Lonauer Wiesen bis hierher. Jetzt Ruhe bitte! Nun zeigen sich nach kurzer Zeit die Auerhühner tatsächlich unter den Bäumen. Durch die großen Scheiben unter dem Runddach ist alles trefflich zu beobachten. Auf Tafeln wird erläutert, wie diese Vögel leben. Auch ihre Verwandten wie Birk- und Haselhühner sind zu bewundern. So wird der kleine Ausflug zu einem Erlebnis, denn in freier Wildbahn sind die Auerhähne kaum noch zu finden – allenfalls zu hören.

Für Lonau sind die Auerhähne fest verankert: Im Wappen des Dorfes, das zur Gemeinde Herzberg gehört, ist ein balzender Auerhahn zu sehen. Darunter erinnern eine schwarze Gießkelle und ein Hammer an die Vergangenheit als bedeutende Erzhütte und Schmiede. Das Buchenblatt im Wappen deutet auf die noch heute weitverbreiteten Wälder hin. Ihnen bei einem Rundweg ums Dorf einen Besuch abzustatten, lohnt sich in jedem Fall.

www.nationalpark-harz.de

AUERHÄHNE SIND ENG MIT DER GESCHICHTE DES DORFS VERBUNDEN. SIE AUS DER NÄHE IM GEHEGE ZU BEOBACHTEN, GEHÖRT ZU DEN BESONDEREN TIERERLEBNISSEN DES HARZES.

TIPP
Nördlich von Lonau und Sieber verläuft der Bergrücken »Auf dem Acker«. Der Höhenweg zur Hanskühnenburg liefert beste Ausblicke.

In Lonau lassen sich Auerhühner in Ruhe vom frei zugänglichen Unterstand aus beobachten.

Um Lonau herum wachsen dichte Wälder – gut für Spaziergänge.

126 SIEBERTAL

Milde Schönheit

Das Siebertal wird von den meisten Harzbesuchern unterschätzt. Es liegt etwas abseits der Hauptströme. Gerade deshalb konnte es sich seine Ursprünglichkeit bewahren. Die 35 Kilometer lange Sieber plätschert fröhlich dahin. Wer an ihr entlang durch das Kerbtal wandert, erlebt pure Ruhe. Andere Harzflüsse wurden aufgestaut. Seen und Staumauern haben sicher auch ihren Reiz, aber das Siebertal ist noch weitgehend naturbelassen. Einst erhielten die Menschen ihren Lohn durch die Arbeit in drei Eisenerzschmelzhütten, dann durch die Forstwirtschaft. Eine Hirschstange im Wappen von Sieber erinnert daran. Heute gehört das Dorf zur Gemeinde Herzberg.

Wer hier Halt macht, nimmt sofort die frische, reine Luft wahr. Die mehr als 50 Wanderwege im oberen Siebertal sind daher besonders beliebt. Gerade der Herbst mit der Laubfärbung erzeugt bei einer Art »Indian Summer« ein ungeahntes Wohlgefühl bei den Menschen. Das ist im Harz schon deshalb erwähnenswert, weil vielerorts Nadelwälder wachsen. Hier aber sind es meist Buchen. Die Brunft der Hirsche schließt sich an, weshalb der Herbst im Siebertal zusätzlich attraktiv wird. Das milde Reizklima ist auch für Besucher geeignet, die sich schonend erholen möchten oder vermindert belastbar sind. Das Siebertal ist ein Harzidyll.

www.touristinformation-herzberg.de

TIPP

Der Naturerlebnispfad im Dorf Sieber hat viele Stationen, die die Sinne ansprechen und Kinder sehr begeistern. Es gibt auch noch den Fluss- und den Forsterlebnispfad.

Der Herbstwald im Siebertal setzt hübsche Farbakzente.

MIT MILDEM REIZKLIMA, VIELEN WANDERWEGEN, EINER GRANDIOSEN HERBSTFÄRBUNG DES WALDES UND DER HIRSCHBRUNFT IST DAS TAL SO ETWAS WIE EINE UNBERÜHRTE SCHÖNHEIT.

WANDERUNGEN FÜR ...

127 WASSERFREUNDE:

Von Bad Lauterberg zum Oderstausee

Diese Drei-Stunden-Tour beginnt an der Therme Vitamar in Bad Lauterberg und führt dann auf einem idyllischen Weg zur Odertalsperre. Es geht über die Staumauer ans nördliche Ufer und dort zurück, dann aber zunächst hinauf zum Bismarckturm mit der herrlichen Rundumsicht über den Südharz und bis zum Brocken. Einkehren lässt sich dort am Bismarckturm auch gut, die Schänke ist urig. Von dort wandert man hinab ins Tal nach Bad Lauterberg und zum Rathaus.

128 AUFSTEIGER: Von Bad Sachsa zum Ravensberg

Vor dem Anstieg lockt Bad Sachsa. Vom Jugendstil-Rathaus führt der Weg östlich am Schmelzteich vorbei. Es ist eine Frischluftschneise, die die Wanderer die nächsten Kilometer erleben. Die gesamte Strecke ist nur 4,5 Kilometer lang, doch nach der Hälfte ist man bis auf rund 650 Meter in der Höhe. Nun über den Ratsberg zum Ravensberg. Lohn ist die tolle Aussicht. Zurück folgt man denselben Weg (etwa 1,5 Stunden) oder macht einen östlichen Schlenker über den Schweinsrücken.

1 Am Oderstausee lässt sich gut wandern.
2 Blick vom Bismarckturm in Bad Lauterberg
3 Die Wanderziele sind gut ausgeschildert.

129 HÖHLENFORSCHER:

Von Scharzfeld zur Einhornhöhle

Die 4,5 Kilometer dieser Wanderung verlaufen fast ebenerdig. Jedenfalls sind sie ohne große Anstrengung zu bewältigen und das auf meist naturnaher Strecke. Von der Bushaltestelle Scharzfeld Bahnhof (Bus 450) aus geht es in Kurven nördlich der Bundesstraße 27 durch den Wald zur Einhornhöhle. Danach folgt ein Weg zum Frauenstein und zur Burgruine Scharzfels. Anschließend bietet sich eine Einkehr im Restaurant an.

130 GEÜBTE: Von Sieber bis Sankt Andreasberg

Diese etwa 17 Kilometer lange Strecke hat durchaus etwas Forderndes. Es ist eine abwechslungsreiche, lohnende und naturnahe Tour, die bis auf 778 Meter hinaufführt. Von Sieber aus leitet sie in einem weiten nördlichen Bogen zur Mönchskappe. Von dort am Schlufterkopf vorbei von Norden her nach Sankt Andreasberg. Etwa fünf Stunden sollte der geübte Wanderer einplanen. Am besten das Auto zuvor in Sankt Andreasberg abstellen oder ein Taxi zurück nach Sieber nehmen.

TOURENKARTEN

zu allen Wanderungen ab S. 160

Carler Teich bei Clausthal-
Zellerfeld – ein Teil der Oberharzer Wasserwirtschaft.

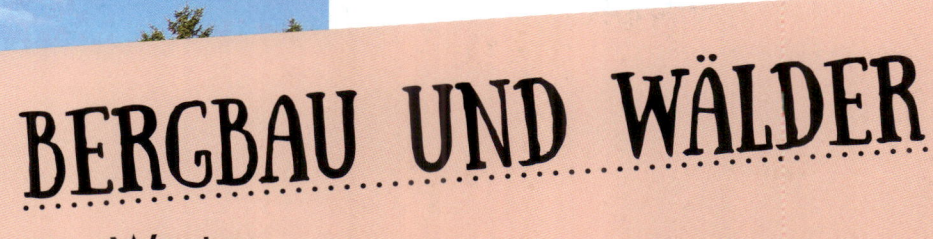

BERGBAU UND WÄLDER

Der Westen

Der Schlüssel zum Verständnis des Bergbaus liegt in Clausthal-Zellerfeld. Wer sich dort im Oberharzer Bergwerksmuseum und seinem faszinierenden Außengelände umschaut, kommt schnell als gebildeter Laie wieder heraus. Auch für Kinder ist das ein herrliches Erlebnis. Davon gibt es noch mehr, denn wer ist schon einmal unter Tage in einem Kahn gefahren? In Wildemann ist das möglich. Clausthal-Zellerfeld bietet auch das internationale Flair junger Menschen, denn die Technische Universität zieht viele Studierende von nah und fern an. Dann geht es zu der einzigen Stabkirche im Norden. Sie steht in Hahnenklee und erinnert an Norwegen. Innen ein Orgelkonzert zu hören, ist ein Highlight. Ganz in der Nähe befindet sich ein Erlebnisberg der besonderen Art. Auf dem Bocksberg lassen sich kleine und große Abenteuer bestehen. Einen Nervenkitzel löst die Sommerrodelbahn aus. Was Osterode und Seesen an Kultur sowie die Stauseen zum Angeln und Wandern zu bieten haben, ist am Ende dieses Kapitels zu erfahren. Großartig ist es auf jeden Fall!

HIER IST DER HARZ BESONDERS ORIGINELL:

1. TU Clausthal-Zellerfeld
2. Stabkirche Hahnenklee
3. Paul-Lincke-Platz
4. Höhlenerlebniszentrum
5. WeltWald

6. Uhrenmuseum
7. Ritterhaus Osterode
8. Sösestausee
9. Max und Moritz
10. Steinway-Park Seesen

1 Im Hauptgebäude der Uni ist das Geomuseum mit seinen einmaligen Steinen (3/4) untergebracht.
2 Hellblau leuchtet die Marktkirche mitten in Clausthal-Zellerfeld.

CLAUSTHAL-ZELLERFELD
Die Internationale

Das Flair von jungen Menschen aus aller Welt geht von der Technischen Universität aus. Hier ist der Harz am buntesten. Einfach hineinschnuppern – am besten mit Musik.

131 TECHNISCHE UNIVERSITÄT

Die Hochschule mit rund 4100 Studierenden hat den höchsten Anteil internationaler Studenten in Deutschland. Schwerpunkte sind Natur-, Ingenieur- und Wirtschaftswissenschaften, die eng vernetzt werden. Es wird zudem forschungsnah unterrichtet. Fünf innovative Zentren sind aktiv. Wer etwas von der internationalen Luft schnuppern möchte und gern Musik hört, kann von der Bigband der TU über den Kammerchor bis zum Sinfonieorchester einen Zugang finden. Es gibt einen Kinoverein sowie die Theatergruppe Störstreifenfrei.
www.tu-clausthal.de

132 GEOMUSEUM

Einen Hauch von Universitätsleben spürt der Besucher, wenn er dieses Haus betritt. Was an Mineralien und seltenen Steinen im Harz zu finden ist – hier im Hauptgebäude der Technischen Universität ist es zu sehen. Auch wer etwas in die Tiefe des Gebirges blicken möchte, wird in den Räumen des Universitätsgebäudes anhand von Modellen bestens informiert. Wem die Fachtexte dann doch zu viel werden, fragt einen Experten. Davon sind schließlich genug im Haus. In jedem Fall liefert der Besuch einen Schlüssel zum Verständnis des Harzes.
www.geomuseum.tu-clausthal.de

TIPP

Mit »Musik in der Dorfkirche« in Buntenbock wird der Sonntag (17 bis 18 Uhr) einmal im Monat zum Treff für fröhliche Menschen.
www.fokus-clausthal.de

133 MARKTKIRCHE ZUM HEILIGEN GEIST

Die größte Holzkirche Deutschlands ist ein ungewöhnliches Bauwerk. Wer es sich von außen betrachtet, wird sich vielleicht über die Farbwahl sowie die Anbauten und Türme wundern. Von innen ist sie ein kleines Juwel, so reich sind die Verzierungen im Stil des Frühbarocks. Unter dem Tonnengewölbe finden 1200 Menschen Platz, aber voll wird es meistens nur zu Weihnachten. Warum nicht jetzt mal einen Gottesdienst im Harz erleben? Hier bietet es sich an. www.kirchengemeinde-clausthal.de

Im Bergwerksmuseum lebt die Tradition auf und bei einem Besuch wird vor allem klar, wie bedeutend dieser Wirtschaftszweig über Jahrtausende war.

1 Holz war schon immer die
Grundlage für den Bergbau
im Harz.
2 Loren – Symbol einer
vergangenen Epoche

134 OBERHARZER BERGWERKSMUSEUM

Das Gütesiegel des Museumsverbandes trägt das Haus mit
Stolz. Es zeigt: Hier wird auf höchstem Niveau, sehr anschaulich und mit originalen Bergbauanlagen auf dem Freigelände
gearbeitet. In den beiden Bürgerhäusern ist zu sehen, wie
vor 300 Jahren gewirtschaftet und gelebt wurde. 29 Ausstel-
lungsräume vermitteln Wissen über den Bergbau und die
vielen Facetten der Arbeit. Es gibt aber nicht nur Gruben-
lampen zu sehen. Historische Filme aus den 1920er-Jahren
laufen. Modelle veranschaulichen die Technik von damals.
Dann geht es ins Schaubergwerk, das für alle Besucher zum
Erlebnis wird, denn schneller und eindringlicher lässt sich
kein Eindruck der zentralen Industrie des Harzes erlangen.
Dazu gehört auch das geniale Oberharzer Wasserregal, ein
UNESCO-Weltkulturerbe. Es wird im Museum vorbildlich erklärt. Endlich wird einem klar, wie das System aus Gräben
und Teichen im Oberharz funktionierte und wie zum Beispiel
mit Wasser große Holzräder in den Bergwerken angetrieben
wurden. Dazu gibt es geführte Touren – auch unter Tage –
zu den Teichen und Wasserkaskaden. Bitte warm anziehen
und Kleidung sowie feste Schuhe nehmen, die etwas Dreck
standhalten. Zudem sind die Führungen durch Museum,
Schaubergwerk und die Weltkulturerbe-Highlights zu empfehlen. Das älteste Bergbaumuseum Deutschlands ist eben
topmodern.
www.oberharzerbergwerksmuseum.de

DAS ÄLTESTE BERGBAUMUSEUM DEUTSCHLANDS
VERSTEHT ES MEISTERHAFT, DEN BESUCHERN
VOR AUGEN ZU FÜHREN, WIE ES DAMALS BEI
DER ARBEIT UNTER UND ÜBER TAGE ZUGING.

TIPP

Der Kulturverein FoKuS bietet ein buntes Programm aus Kabarett, Kunst und Musik.

www.fokus-clausthal.de

Ein Striegelhaus wie hier in Hahnenklee diente dem Öffnen und Schließen des Abflusses eines Stauteiches.

Im Oberharzer Bergwerksmuseum wird die Funktion des Striegelhauses erklärt.

Striegelhaus

Die Gräben durchziehen den Oberharz noch wie zu alten Zeiten. Sie sind Teil der Oberharzer Wasserwirtschaft.

135 OBERHARZER WASSERWIRTSCHAFT

Das UNESCO-Weltkulturerbe

Ein Netzwerk aus etwa 100 Teichen, rund 310 Kilometer Gräben und 31 Kilometern unterirdischen Leitungen musste quer durch den Oberharz erst einmal gebaut werden. Vor 800 Jahren hatten schlaue Menschen das System ersonnen, das seit 2010 den Titel UNESCO-Weltkulturerbe trägt. Wenn vielleicht etwas unscheinbar, so ist dieses System in seiner Wichtigkeit vergleichbar mit den Pyramiden von Gizeh in Ägypten oder dem Great Barrier Reef in Australien. Wer an einer der geführten Touren des Oberharzer Bergwerksmuseums teilnimmt, stößt zum Beispiel auf die Teichlandschaft um Buntenbock oder die Hirschler-Pfauenteich-Kaskade. Auch der Zellerfelder Kunstgraben oder der Bremerhöher Wasserlauf gehören dazu.

Die Oberharzer Wasserwirtschaft war der entscheidende Faktor, der den Bergbau erst ermöglichte. Prinzip des Systems war es, mit Wasserkraft Wasser zu heben. Das funktionierte so: Das in Teichen gesammelte und in Gräben herangeleitete Wasser trieb große Holzräder an. Diese standen an oder in den Bergwerken. Die Räder trieben wiederum Pumpen an, mit denen Wasser aus den Tiefen der Grubenschächte nach oben gefördert wurde. Die Stollen waren für die Bergleute nur begehbar, wenn sie nicht ständig unter Wasser standen oder zu schnell wieder vollliefen. Somit war die Wasserwirtschaft Voraussetzung für den Harzer Bergbau. Schon die Mönche vom Kloster Walkenried im Südharz ersannen das System vor acht Jahrhunderten zusammen mit anderen. Es wurde über viele Jahre gebaut sowie ständig erweitert und verbessert. Einzelne Bereiche werden übrigens heute noch zur Energie- und Trinkwassergewinnung genutzt, wenn auch der Bergbau nicht mehr existiert.

MIT WASSERKRAFT WASSER AUS DEN BERGWERKEN ZU HEBEN, IST SCHON EIN GENIALES PRINZIP. WIE DAS FUNKTIONIERTE, WIRD IM MUSEUM, ABER AUCH AUF WANDERUNGEN ENTLANG DER GRÄBEN UND TEICHE VERSTÄNDLICH.

TIPP

22 Wasser-Wander-Wege der Harzwasserwerke führen an den alten Gräben entlang und zu den Teichen. Es ist eine Freude, das abzugehen und auf Tafeln mehr zu dem System zu lesen.

Per Gondel hinauf oder hinab – in Hahnenklee ist das mit besten Ausblicken verbunden.

HAHNENKLEE
Mit Erlebnisberg

In Kurven vom Bocksberg zu Tal, das macht Spaß (1). Wem es zu schnell wird, der zieht die Handbremse (2).

136 BOCKSBERG

Was dieser Berg alles bietet, ist die pure Vielfalt. Da ist die 1,25 Kilometer lange Sommerrodelbahn. Einsteigen in den Bob und losfahren. Erst langsam steigert sich der Puls, dann ein Kreischen – der Schlitten auf Rollen und Schienen wird schneller. Lieber jetzt die Fahrt etwas mit der Handbremse drosseln. Dann recht freundlich: Hier wird ein Schnappschuss später zeigen, wie sich das Glücksgefühl durch ein Lächeln zeigt. Ein Spaßpark für die Kleinen bringt pure Freude und verlangt auch schon etwas Mut. Der Bikepark mit Hindernissen ist eher etwas für größere Radfahrer und verlangt Geschicklichkeit. Dann aber ist auch das unterhaltsam. Den gibt es ebenso mit den Bocksbergcarts. Natürlich immer mit Helm! Wer möchte, kann auch in der Waldschule etwas lernen. Im Winter sind dann Rodeln, Ski- und Snowboardfahren angesagt. Mit Sessellift und Kabinenbahn ist der schnelle Aufstieg garantiert, allerdings gilt die Ecke nicht gerade als »Schneeloch« und es ist auch eher etwas für Anfänger. Aber der Berg bietet sich auch zu traumhaften (Winter-)Wanderungen an. Zu empfehlen ist der Liebesbankweg (siehe 160). In jedem Fall ist nach den vielen Aktivitäten die Bocksberghütte gleich neben der Bergstation der Kabinenbahn zu empfehlen. Sie ist harztypisch eingerichtet, zum Sonnenuntergang romantisch und hält an Speisen von deftig bis süß alles bereit, was dem Gaumen schmeichelt.
www.erlebnisbocksberg.de

TIPP
Gleich einmal schauen, was sich in dieser Sekunde auf dem Bocksberg so tut – mit den Webcams klappt das hervorragend:

www.erlebnisbocksberg.de

DER BOCKSBERG IST SO ZIEMLICH DAS BESTE, ZU DEM EIN BERG ALS ERLEBNISHÜGEL SO WERDEN KANN. FÜR KLEIN UND GROSS IST VIEL DA, WAS EINEM SPASS BRINGT.

Norwegen lässt grüßen:
Die Stabkirche ist die große
Besonderheit im Harz.

Auch innen hat die Stabkirche viel zu bieten: neben einmaligem Design auch beste Orgelklänge.

137 STABKIRCHE

Norwegen? Klar! Diese Kirche könnte ein auf dem Kopf liegendes Wikingerschiff sein. Schon vor 900 Jahren bauten die Norweger solche Stabkirchen aus Holz. Die meisten sind verwittert. Einige davon standen auch in Norddeutschland, aber diese hier wurde erst 1908 fertig, nach zehn Monaten Bauzeit. Baurat Karl Mohrmann von der hannoverschen Landeskirche schuf sie nach norwegischem Vorbild. Heute ist sie eine Seltenheit und schon daher oft und gern besucht. Das Innere bei einem Orgelspiel zu erleben, ist etwas Feines. Die Goll-Orgel aus Luzern wurde 1994 eingebaut und besteht aus 27 Registern. Das Äußere sich in Ruhe zu betrachten, offenbart die Details wie Drachenköpfe an den Giebeln oder Midgardschlangen am First. Überhaupt ist die Bauform ungewöhnlich. Auch die Kirchengemeinde selbst geht neue Wege. Carillonkonzerte im Kirchengarten sind zu hören. Vorträge zu Literatur und Wissenschaft werden angeboten. Die Stiftung »Kultur in der Kirche« kümmert sich um das illustre Programm. Künstler wie der Bariton Professor Thomas Quasthoff haben hier gastiert und unterstützen diese Stiftung. Konzertreihen und Kulturevents werden also auch künftig eine große Rolle spielen. Die Gustav-Adolf-Kirche, wie sie auch genannt wird, bereichert die Gemeinde und den gesamten Harz in vielfältiger Weise.
www.stabkirche.de

DIESE KIRCHE IST EINMALIG IN DEUTSCHLAND. FAMOS VON AUßEN UND INNEN GESTALTET, ORIENTIERTE SICH DER ARCHITEKT AN NORWEGISCHEN VORBILDERN. DER BESUCH LOHNT SICH.

TIPP

Zwei Minigolfanlagen bieten gute Abwechslung. Eine Anlage ist am Kurpark Hahnenklee zu finden, eine weitere im Ferienpark Hahnenklee.

138 PAUL-LINCKE-PLATZ

Wer ist der beste Komponist der Unterhaltungsmusik? Diese Frage stellt sich der Freundeskreis Paul-Lincke-Ring alle zwei Jahre neu (zu ungerader Jahreszahl). Dann nämlich wird diese Auszeichnung der Stadt Goslar in Hahnenklee-Bockswiese verliehen. Der von zwei Goldschmieden entworfene Ring ist verziert durch eine Lyra mit Lorbeerzweig sowie den Initialen des Operettenkomponisten. Der 1866 in Berlin geborene Carl Emil Paul Lincke hatte die letzten Monate vor seinem Tod am 3. September 1946 in Hahnenklee verbracht. Er ist dort auf dem Friedhof begraben. Wodurch aber wurde Lincke bekannt? Er hatte die »Berliner Luft« komponiert oder auch »Schenk' mir doch ein kleines bisschen Liebe«. Zu seinen Operetten gehörten »Frau Luna«, »Fräulein Loreley«, »Casanova« und »Ein Liebestraum«.

Auf dem Paul-Lincke-Platz wird aber nicht nur seiner gedacht. Die Preisträger sind auf einer Litfaßsäule verewigt. Dazu ge-

hören Udo Jürgens, Michael Kunze, René Kollo und Peter Maffay genauso wie Udo Lindenberg, Max Raabe, Silbermond, Annette Humpe, Clueso sowie Ina Müller. 2019 wurde Bosse geehrt (auf der Litfaßsäule zu sehen). Der aus Braunschweig stammende Gitarrist, Songwriter und Rocksänger spielt meist Indie-Pop. So wird die Erinnerung an den einstigen Berliner Star Paul Lincke wachgehalten. Und die Bewohner des Ortes und der Umgebung freuen sich, immer wieder aktuelle Musikgrößen begrüßen zu können.
www.paul-lincke.de

TIPP

Mehr zu Paul Lincke, der Ortstradition und zum Tourismus ist im Heimatmuseum zu erfahren. www.hahnenklee.de

Hahn mit Klee – Hahnenklee.
Dieser Brunnen ziert den Paul-
Lincke-Platz im Ort, wo sich
die Menschen gern aufhalten.

HAHNENKLEE
Die Musikalische

»Das ist die Berliner Luft, Luft, Luft…« Es grüßt Paul Lincke, der das Werk schuf.
In Hahnenklee wird er ewig verehrt, genau wie der jeweils aktuelle Preisträger.

Auf dem Bergbau-Lehrpfad in Lautenthal wird die Geschichte des Bergbaus erlebbar.

LAUTENTHAL
Das Grubenglück

Ein Bergbaumuseum mit Kähnen unter Tage ist schon etwas Besonderes. Einst wurde dort unten Silbererz gewonnen. Glück auf!

gend verlassen. 1538 gründete ein Braunschweiger Herzog wieder eine Bergmannssiedlung. Lautenthal erhielt sogar Stadtrechte. Heute gehört der Ort mit rund 1600 Einwohnern zu Langelsheim weiter nördlich am Harzrand.
www.lautenthals-glueck.de

140 BERGBAU-LEHRPFAD

Ein Kunstrad mit Feldgestänge ist zu sehen sowie auch der Maaßener Wasserlauf. Sich hier umzuschauen, ist eine lehrreiche Runde. Einfach zu erreichen, im nördlichen Teil Lautenthals gelegen, mit Blick auf den Kranichsberg – so wird der Spaziergang zu einem angenehmen Ausflug. Danach oder davor geht's dann ins Bergbaumuseum. Es ist jedenfalls die ideale Ergänzung.
www.lautenthal-harz.de

139 SILBERGRUBE LAUTENTHALS GLÜCK

1931 war Schluss. Bis dahin wurde hier kräftig Silber abgebaut. Doch die grüne Grubenbahn fährt noch. Also hinein in den Stollen! Das Bergbaumuseum hat viel zu bieten. Es wird erzählt, wie es damals so zuging bei den Kumpels. Wie rau das Leben war und ohne Sonnenschein, das kann sich dann jeder rasch vorstellen. Doch brachten die Silbererze beträchtlichen Reichtum – für die Besitzer der Gruben. Dann kommt der Höhepunkt des Besuchs: eine kurze Bootsfahrt unter Tage mit dem Erzschiff. Das ist eindrucksvoll und wir können die Schwere der Arbeit erahnen, trotz der Leichtigkeit, an einem Seil den Kahn voranzuziehen. Schon 1225 hatten die Arbeiter begonnen, am Kranichsberg Silber, aber auch Blei und Kupfer abzubauen. Als aber die Pest kam, ruhte die Arbeit fast 200 Jahre lang. Die meisten Menschen waren an der Krankheit gestorben, die Überlebenden hatten die Ge-

141 FÖRSTERGARTEN

Walderleben für Kinder: Der Abenteuerspielplatz am Nordwestrand des Ortes bietet die passende Mischung aus Naturnähe und kleinen Herausforderungen. Wer hier tobt und seinen Spaß hat, spürt die heilsame Wirkung des Waldes. Für Eltern, die lieber zuschauen, ist eine Sitzbank da – und natürlich die herrliche Luft. Es ist Waldbaden sozusagen.
www.lautenthal-harz.de

TIPP

Der Harzer Förstersteig, 60 Kilometer lang, führt von Goslar über Lautenthal bis Osterode. Er streift drei Talsperren.

Der Bergbau-Lehrpfad führt am (leider verschlossenen) Bierstollen vorbei …

Glück Auf

Bierstollen

… auch das Wasserrad »Dagmar 3« ist zu sehen.

1/2 Eine Führung durch den 19-Lachter-Stollen lohnt sich.
3 Toben im Harzer Hundewald

WILDEMANN
»Klein Tirol«

Weil er so bezaubernd idyllisch daliegt, nennt sich der Ort »Klein Tirol«. Zum Wandern sowie für eine Stollentour ist Wildemann ein idealer Ausgangsort.

142 19-LACHTER-STOLLEN

Das Schaubergwerk hat einen 8,8 Kilometer langen Stollen, wie es ihn im Harz so nicht noch einmal gibt. Es ist der längste und tiefste Wasserlösungsstollen. Wer auf der Besucherbrücke steht und in die Tiefe schaut, blickt ins Dunkel. Der Stollenführer der Gruppe macht das Licht an. Ein Tropfen, den der Bergmann jetzt hinabtropfen lässt, braucht ein paar Sekunden, bis er unten aufs Wasser trifft. 262 Meter tief ist das Loch. Dort unten verläuft der Ernst-August-Stollen, einst mit Schlägel und Eisen von den Bergleuten vorangetrieben. Bleibt die Frage, was ein Lachter ist. Der Stollenführer streckt die Arme in die Höhe und meint: »Etwa diese Länge, genau 1,92 Meter.« Es ist also ein Längenmaß. Im Empfangsraum werden die Gäste dann noch umfassender über diesen einmaligen Stollen informiert. Demnächst wird umgebaut, damit das Schaubergwerk, das zum UNESCO-Weltkulturerbe gehört, noch besser zu besichtigen ist. www.19-lachter-stollen.de

143 GLOWGOLF

Glowgolf wird in Wildemann gespielt. Es liegt ein paar Kilometer südlich von Lautenthal. Das fluoreszierende Terrain im Dunkel einer Halle ist die Weiterentwicklung von Minigolf. Das macht glühend viel Spaß, denn es sind Hexen, Teufel und allerlei anderes Harztypische zu sehen. Die Parcours sind trickreich gestaltet. Das Ziel ist klar: die leuchtende Kugel im Halbdunkel mit den wenigsten Schlägen ins Loch zu treiben. www.glowgolfharz.de

144 HARZER HUNDEWALD

Tag und Nacht steht die Schleuse offen. Jeder kann seinen Hund hier kostenlos laufen lassen. Das ist besonders für alle interessant, die ihren Vierbeiner mit im Urlaub haben, ihn aber sonst überall angeleint lassen müssen. Während der Brut- und Setzzeit vom 1. April bis 15. Juli ist das im Wald und auf Wiesen Pflicht, im Nationalpark besteht die Leinenpflicht ganzjährig. Vom Parkplatz am Ortsausgang Wildemanns in Richtung Clausthal-Zellerfeld ist es etwa einen Kilometer zu Fuß bis zum Hundewald. Auf dem Weg liegt ein Kiesteich – zur Abkühlung im Sommer.
www.harzer-hundewald.de

TIPP

Im Sommer ist es im Spiegelbad Wildemann sehr schön – Zeit zum Abtauchen in idyllischer Umgebung.

»Wir lagen vor Madagaskar« – das Riff hat eine weite Reise hinter sich. An den Wänden sind noch Meeresbewohner erkennbar.

BAD GRUND
Sensationshöhlen

Die Iberger Tropfsteinhöhle ist schon wegen der versteinerten Meerestiere drumherum etwas Besonderes. Doch dort im Museum auch gleich noch auf die älteste Großfamilie der Welt zu treffen, ist eine weitere Überraschung.

Die weltweit älteste genetisch nachweisbare Großfamilie hat hier ihren Ursprung.

145 HÖHLENERLEBNISZENTRUM

Hier findet man mehr als nur eine Höhle. Es handelt sich um ein Korallenriff aus Afrika, um eine großartige Unterwelt mit ihren massiven Tropfsteinen und um die älteste nachgewiesene Großfamilie der Welt. Der Reihe nach: Der Iberg, ein Kalkmassiv, lag einst »vor Madagaskar«, besser gesagt etwa da, wo sich diese Insel heutzutage befindet. Da sich seit Jahrmillionen die Kontinente verschieben, gelangte auch dieses Riff weiter nach Norden. Irgendwann kam es da an, wo sich später der Harz auffaltete. Diese Reise in den Norden ist anhand eines Zeitstrahls nachgestellt. Eine unterirdische Ausstellung begleitet das sehr schön, und natürlich ist auch vom Bergbau die Rede. Von dort geht es direkt in die Iberger Tropfsteinhöhle. Sie ist viele Millionen Jahre alt und gehört schon seit fast 150 Jahren zu den ältesten Schauhöhlen des Harzes. Da sie sich im Riffkalk des besagten Riffes befindet, sind an ihren Wänden versteinerte Meeresbewohner aus jener Zeit zu entdecken. Auch farblich ist einiges in Szene gesetzt, was die Fantasie anregt. Auch liegt es nahe, sich mit der Sage des Zwergenkönigs Hübich zu befassen. Er ist in ganz Bad Grund sehr präsent. Was für ein schöner Einstieg, um später auch den Ort zu erkunden (siehe 161).

Dann sind im Museum die Toten aus der Lichtensteinhöhle zu sehen, die etwa 15 Kilometer entfernt im Gipskarst bei Osterode liegt. Ein begehbarer Nachbau des Höhlengrabs schwebt hier und es ist ein Erlebnis, sich das anzusehen. Die größte Sensation: Nach der Analyse der alten DNA (also des Erbgutes) der Toten) zeigte sich, dass dies die bisher älteste genetisch nachweisbare Großfamilie der Welt ist. Und nicht nur das: Bei einem Vergleich mit der DNA von Lebenden der Region wurden sogar heutige Nachfahren gefunden! Das Grab des bronzezeitlichen Familienclans ist fast 3000 Jahre alt, also ein ganz schön langer Stammbaum! Diese grandiose Geschichte ist mit noch mehr unfasslichen Details im Museum nacherzählt und veranschaulicht. www.hoehlen-erlebnis-zentrum.de

TIPP

Der nahe Heilstollen ist ideal für Allergiker, die sich freiatmen möchten. Die Kurverwaltung weiß mehr. www.gesundheits-zentrum-bad-grund.de

Eintauchen in die Tiefe und die Vergangenheit:
Die unterirdische Ausstellung ist gut verständlich aufbereitet.

Im Uhrenmuseum kann man sich etwas Zeit nehmen, um über die Zeit und ihre Messung nachzudenken.

Zwei einmalige Sammlungen beeindrucken auf ganz unterschiedliche Weise: Uhren in allen Formen und Bäume aus vier Kontinenten.

147 WELTWALD HARZ

Vier Naturwege führen durch diesen Bestand an Bäumen aus vier Kontinenten. Es war ein Versuch, sie hier anzupflanzen. 1972 begann das Experiment eines Försters. Nun breiten sich mehr als 600 Baum- und Straucharten auf 65 Hektar Fläche aus. Durchatmen. Die Augen schließen. Es ist die schönste Entspannung. Der Anblick der sich färbenden Blätter im Herbst ist ein optisches Erlebnis. Der Duft vieler Bäume, wie etwa des Lebkuchenbaumes, betört. Das Forstamt Riefensbeek pflanzt und pflegt den einmaligen Baumpark. Für Kinder sind die Hängebrücke, die schmalen Pfade durchs Unterholz oder auch der Felsenirrgarten die Hits. www.landesforsten.de

146 UHRENMUSEUM

Hier tickt es, aber richtig. Die Vielfalt an Uhren, die Kamine zieren oder am Arm hängen, ist hier in voller Schönheit zu erleben. Rund 1600 Uhren aus 600 Jahren geben einen fantastischen Überblick über die Zeitmessung. Es ist die größte Sammlung dieser Art in Europa. Dazu gehören auch viele Kuriositäten und die Frage nach der Verwendung der eigenen Zeit. Ein Besuch, für den sich jeder etwas Zeit nehmen sollte. www.uhrenmuseum-badgrund.de

> **TIPP**
>
> Der Knesebeckschacht hat als Besonderheit einen Hydrokompressorenturm. Was das bedeutet, wird auf einer Führung erläutert.
>
> www.knesebeckschacht.de

148 ALBERTTURM

Hier werden im Sommer Schneemänner gebaut. Der Iberger Albertturm liegt nur einen halben Kilometer vom HöhlenErlebnisZentrum entfernt. Auch hier haben sich im Kalkstein mit der Zeit viele Löcher ausgewaschen. Sie werden zum Verstauen des Schnees im Winter genutzt und mit Stroh abgedeckt. So bleiben sie auch bis zum Juni hin kühl. Dann aber beginnt die Freude: Schneemänner werden gebaut, und es folgt die Schneeballschlacht. Was für eine Freude! Vom Turm aus ist übrigens einiges zu sehen. Ein Netz von Wanderwegen beginnt hier. Der 95 Kilometer lange Baudensteig durch den Südharz führt vorbei (siehe 161). Unten befindet sich eine Gaststätte. Die Harzer Küche ist famos. www.iberger-albertturm.de

Der WeltWald Harz ist für die ganze Familie ideal zum Gehen, Toben und Erkunden.

Indian Summer in Bad Grund – der WeltWald macht es möglich.

Gerade die Altstadt mit ihren prächtigen Fachwerkhäusern, dem Wochenmarkt und den Kirchen ist lebendig und schön. Auch entlang der Stadtmauer lässt sich Osterode gut erkunden.

Per Segway durch Osterode – das ist die moderne Form der Stadtführung.

150 MUSEUM IM RITTERHAUS

Schon das schmucke Haus aus dem 17. Jahrhundert ist sehenswert. Innen überzeugen das Stadtmodell und seltene Objekte der Stadtentwicklung. Apothekengeschichte wird ebenso lebendig wie historische Kleidung. Mitmachen ist an einigen Stationen gefragt. So lernen die Gäste am besten, was früher bedeutend und wichtig war.
www.wibo.osterode.de

151 ALTE BURG MIT STADTMAUER

Obwohl sie nur noch als Ruine steht, erinnert sie an bewegte Zeiten. Schon um das Jahr 1100 markierte auf diesem Bergvorsprung oberhalb der Stadt eine Festung zwischen Sösetal und Lerbachtal den Platz. Heute ist von dort ein schöner Blick auf Osterode zu bekommen. Ein Rundgang an der Stadtmauer bietet sich an, der die kleine Erkundungstour abschließt. Einst war die Mauer 1,7 Kilometer lang und hatte vier Tore.

149 ALTSTADT

Ein Bummel lohnt sich in Osterode besonders. Es herrscht gemütliche Kleinstadtatmosphäre. Der Wochenmarkt am Kornmarkt ist zu erleben, immer dienstags und samstags am Vormittag. Das Alte Rathaus ist stattlich. Wer unter dem Erker genau hinschaut, findet eine Walrippe an einer Kette. Sie soll vor Überflutungen durch die nahe Söse schützen. Das Eseltreiberdenkmal ist ebenfalls kurios. Es erinnert an die damals sehr angesehenen Kaufleute, die mit Eselkarawanen durch den Oberharz zogen und ihre Waren anboten. Die Kirchen St. Aegidien und St. Jacobi sowie die St. Marienkirche sind einen Abstecher wert. Harzkornmagazin und Kommandantenhaus runden den Rundgang ab.
www.osterode.de

TIPP
Per Segway auf Stadtführung – in Osterode ist das der Hit.
www.osterode.de

Der Markt lockt auch die Harzbesucher an. Regionale Produkte und nette Unterhaltung sind garantiert.

Das Ritterhaus ist von außen und innen sehenswert.

Ein Spaziergang entlang der Stadtmauer erschließt einem die besonderen Ecken.

SÖSESTAUSEE
Anglers Paradies

Mit skandinavischen Anklängen offenbart sich eine liebliche Landschaft an der Söse. Eine Rundwanderung ist ideal. Auch Angler lieben den Stausee.

152 SÖSE

Angeln. Ganz in Ruhe genießen. Das tun einige an diesem prächtigen Stausee der Söse, übrigens der erste im Harz. 1928 von den Harzwasserwerken begonnen und drei Jahre später fertiggestellt, dient der Stausee dazu, bei zu viel Niederschlag diesen aufzufangen und so Hochwasser etwa in Osterode zu vermeiden. Es wird zudem Trinkwasser gewonnen und auch Strom erzeugt. Eine vielfache Nutzung ist also gewährleistet. Der Staudamm mit dem Wasserkraftwerk liegt hübsch in der Landschaft, die in ihrer Sanftheit, mit See und Nadelwald entfernt an skandinavische Landschaftsszenarien erinnert. Vom Staudamm aus bietet sich ein neun Kilometer langer Rundweg an. Er führt im südlichen Teil schon bald zu einem Fischereilehrpfad. Dann geht es am Ufer entlang weiter bis zum Vorbecken mit der Vorsperre. Das ist ein 350 Meter langer, 18 Meter hoher Damm. Über ihn führt der Weg zum nördlichen Ufer. Von hier lassen sich wunderbare Fotos schießen. Auch am Vorbecken stehen oft Angler. Zander, Hechte, Karpfen oder Bach- und Seeforellen beißen an. Auch Barsche werden gefangen. Somit zeigt sich der Sösestausee als Anglers Lieblingsgewässer. Der Weg führt schließlich zurück zur Staumauer. Die 38 Kilometer lange Söse, entsprungen in Kamschlacken, nimmt weiter ihren Lauf. Sie durchfließt Osterode und mündet dann in die Rhume, die wiederum in die Leine fließt.

TIPP

Mehr zum Angeln mit Tipps und Vereinen, mit Fliegenfischen und Gastkarten ist unter www.angeln-im-harz.de zu finden.

SEESEN
Steinway lebt

Sowohl Heinrich Steinwegs Aufstieg zum weltweit geschätzten Klavierbauer als auch Wilhelm Buschs Schaffen prägen die Stadt bis heute. Zeit für einen Bummel durch die hübsche Innenstadt sollte unbedingt sein.

1 Zwei Seesener Designer entwarfen die modernen Figuren von Max und Moritz. 2 Das Wilhelm-Busch-Haus in Mechtshausen erinnert an die letzten zehn Lebensjahre des Künstlers, die er hier verbrachte.

153 MAX UND MORITZ

Sie posieren vor dem Rathaus und an weiteren Stellen in der Stadt. Die Figuren haben die zwei Seesener Designer Heike Hammer-Geries und Gerd-Peter Zeuch entworfen. Damit wird an Wilhelm Busch erinnert. Er lebte die letzten zehn Jahre bis zu seinem Tod in Mechtshausen. Das ist heute ein kleiner Stadtteil von Seesen. Dort gibt es ein Wilhelm-Busch-Haus, das einen Abstecher lohnt.
www.seesen.de und www.wilhelm-busch-haus.de

154 STÄDTISCHES MUSEUM

Ursprünglich ein Sattelhof, dann ein Jagdschloss, heute als Fachwerkensemble am Wilhelmsplatz der ideale Ort, sich in die Stadtgeschichte zu vertiefen. Ein Klavierflügel von Heinrich Steinweg sticht ins Auge. Die Erfolgsgeschichte von Steinway & Sons in den USA und weltweit begann in Seesen, denn im wenige Kilometer östlich liegenden Wolfshagen wurde der Gründer geboren.
www.museum-seesen.de

155 STEINWAY-PARK

Was für eine Umgebung für den Klavierbauer! Es locken fünf Teiche mit Bäumen und einer Baumerlebnistour. Im Sommer geht es rund auf der Freilichtbühne. Dann wieder findet man Ruhe auf einer Sitzbank, vielleicht mit Blick auf die üppig gedeihenden Seerosen. Mit einem Abenteuerspielplatz sowie einem Fit- und Aktivparcours und auch Schachtischen ist der Park für alle Altersstufen geeignet. Er liegt am Ortsausgang in Richtung Lautenthal.
www.steinway-park-seesen.de

Zum Sehusa-Fest (1) knallt es öfter. Die Burg Sehusa (2) war einst Sitz der Welfen.

156 BURG SEHUSA

Das Wahrzeichen der Stadt war einst eine Wasserburg der Welfen. Heute ist darin das Amtsgericht untergebracht. Doch der Name lebt fort: Immer am ersten Septemberwochenende startet das Sehusafest. Da treten Ritter und Mägde in buntem Treiben auf und ziehen durch die Stadt. Es ist das größte Historienfest in ganz Norddeutschland.
www.sehusafest.de

> **TIPP**
>
> Seesen ist eine vielfältig geprägte Einkaufsstadt mit kostenfreien Parkplätzen. Donnerstags ist Wochenmarkt auf dem Jacobsonplatz.

WOLFSHAGEN
Rockmusik mit Natur

Wolfshagen versteht es, eine lebendige Mischung zu schaffen. Einerseits ist Ruhe mit entspannten Wanderstrecken und dem Stausee im Angebot, andererseits steigt jährlich ein Rockfestival.

Oberhexe Antje ist bei der Walpurgisfeier mit Begeisterung dabei.

157 WALDFREIBAD

Mit »Rock am Beckenrand« hat sich der kleine Ortsteil von Langelsheim einen großen Namen gemacht. Jeden Sommer gastieren hier am Waldfreibad verschiedene Bands. Auch sonst ist das Schwimmbad zu empfehlen. Rund um Wolfshagen breiten sich intakte Wälder aus, die seltene Tierarten und Pflanzen beherbergen. Beliebt ist ein Ausflug zum Heimberg südöstlich von Wolfshagen. Übrigens wurde in dem Ort Heinrich Steinweg geboren, der Gründer der Klavierbauerdynastie Steinway & Sons (mehr dazu im Städtischen Museum Seesen).
www.wolfshagen.de

158 INNERSTESTAUSEE

Segeln und Rudern sind möglich auf dem Stausee. Auch Angler und Camper sind hier häufig in der Nähe. Es ist ein beliebtes Ausflugsziel. Gerade das Westufer eignet sich für kleine Wanderungen entlang des Wassers sowie auch hinauf in die Höhen. Sie liegen hier bei etwa 550 Metern, was schon etwas Anstrengung bedeutet. Auf der Trasse der ehemaligen Innerstetalbahn verläuft heute zwischen Langelsheim und Wildemann ein gut befahrbarer Radweg. Die Innerste entspringt südöstlich von Clausthal-Zellerfeld und fließt durch Wildemann und Lautenthal, bevor sie bei Wolfshagen aufgestaut wird. Sie mündet bei Sarstedt weiter nördlich in die Leine.
www.harzwasserwerke.de

TIPP

In Wolfshagen wird jedes Jahr am 30. April Walpurgis mit Hexen und Teufeln ausgiebig und voller Hingabe gefeiert. Dabeisein ist Pflicht!

Blick auf Wolfshagen – es schmiegt sich lieblich in die Landschaft.

Der Staudamm der Innerstetalsperre und der Hochwasserüberlaufturm sind auch ein Ziel für Ausflügler.

WANDERUNGEN FÜR ...

Ein Platz für zwei auf dem Liebesbankweg.

STEINWAY & SONS
NEW YORK HAMBURG

Der Steinway-Park erinnert an den großen Sohn des Ortes, der in den USA mit seinen Klavieren Weltruhm erlangte.

159 WELTKULTURERBE-FREUNDE:

Zum Polsterberger Hubhaus

Der Start am Parkplatz Sperberhaier Dammhaus zeigt das einst größte Bauwerk der Oberharzer Wasserwirtschaft, den Sperberhaier Damm. Entlang der Gräben gehen wir weiter. Ein 940 Meter langes Aquädukt leitet das Wasser auf die Clausthaler Hochfläche. Die rund vier Kilometer lange Strecke ist in einer Stunde zu schaffen. Das Ziel lohnt sich, denn das Polsterberger Hubhaus ist ein originelles Restaurant mit regionaler Küche. Dann denselben Weg zurück oder eine kleine Schleife einbauen.

www.polsterberger-hubhaus.harz.de

160 PAARE: Der Liebesbankweg in Hahnenklee

Ob Marmor, Stein und Eisen oder das Tor der Liebe – immer spielt das Zusammensein zweier Menschen eine Rolle auf dem etwa sieben Kilometer langen Rundweg um den Bocksberg. Start und Ziel ist der Parkplatz an der Stabkirche in Hahnenklee. Unterwegs stehen 25 ganz verschieden gestaltete Ruhebänke. Der lange Weg der Liebe ist jedoch keineswegs anstrengend, sondern verläuft ohne größere Steigungen, vorbei an Seen, einem Café und gespickt mit Weitblicken.

www.liebesbankweg.de

1 Das »Tor der Liebe«, Start und Ende des Liebesbankwegs

2 Der Baudensteig führt auf sechs Etappen durch den Südharz.

161 WALDFREUNDE: Baudensteig und WeltWald

Vom HöhlenErlebnisZentrum Bad Grund geht es im Zickzack den Berg hinauf zum Iberger Albertturm. Dort verläuft der Baudensteig, der sich durch den gesamten Südharz zieht. Doch diese kleine, etwa 7,5 Kilometer lange Runde führt um Bad Grund herum und nähert sich dann dem beliebten WeltWald im Westen des Ortes. Nach vier Kilometern ist der tiefste Punkt erreicht. Weiter nun durch Bad Grund, vorbei am Uhrenmuseum und dann in einer Schleife wieder nördlich, durchs Teufelstal und zurück zum HöhlenErlebnisZentrum.

162 KLAVIERSPIELER: Der Steinway-Trail

Zur Ehrung des berühmten Klavierbauers, der aus Wolfshagen stammt und dann in den USA Weltruhm erlangte, dient dieser etwa 15 Kilometer lange Weg. Er beginnt am Steinway-Park in Seesen und führt westlich um den Großen Trogtaler Berg herum. Die Mischwälder inspirieren. Dann naht der Innerstestausee. Ziel ist die Festhalle in Wolfshagen. Der Weg lässt sich auch in umgekehrter Richtung abwandern. So soll Heinrich Steinweg ihn oft genommen haben.

www.steinway-trail.de

TOURENKARTEN

zu allen Wanderungen ab S. 160

DIE TOURENKARTEN

RUND UM DEN BROCKEN

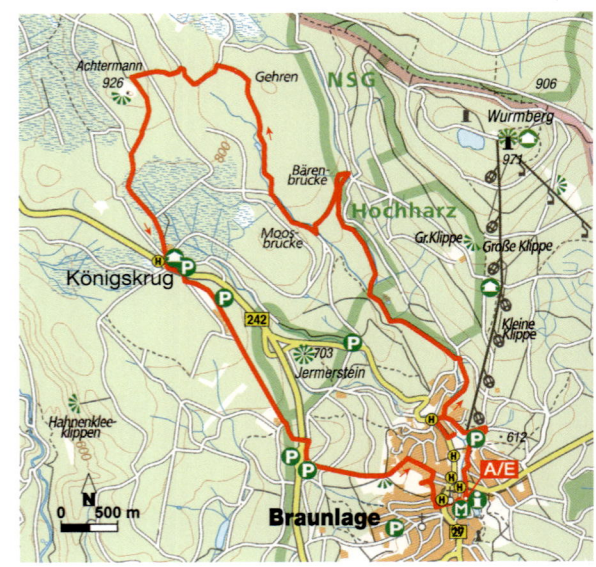

23 ACHTERMANN VON BRAUNLAGE AUS

22 GOETHEWEG TORFHAUS – BROCKEN

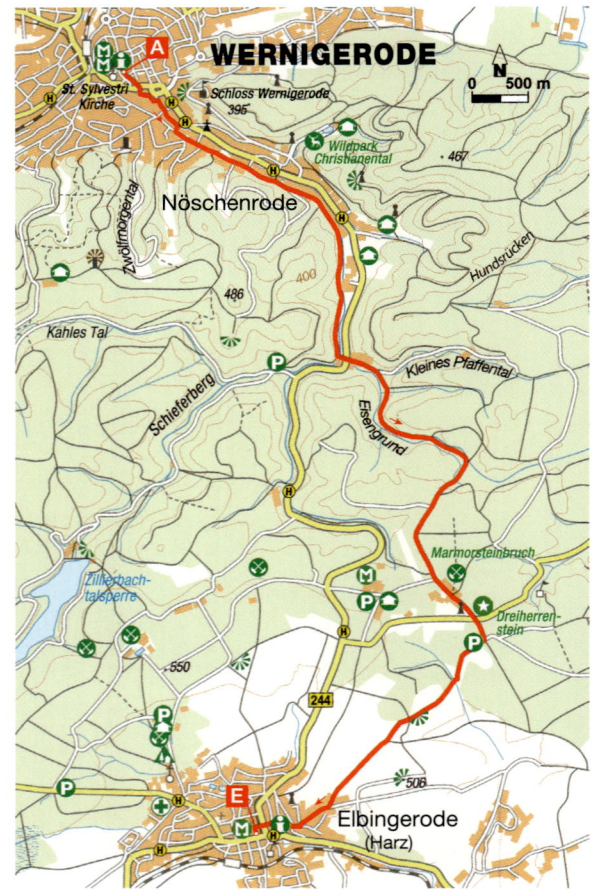

25 VON WERNIGERODE NACH ELBINGERODE

24 AM OKERSTAUSEE ENTLANG

DER NORDEN

59 DER WALDERLEBNISPFAD GOSLAR

60 VOM BURGBERG HINAUF ZUM BROCKEN

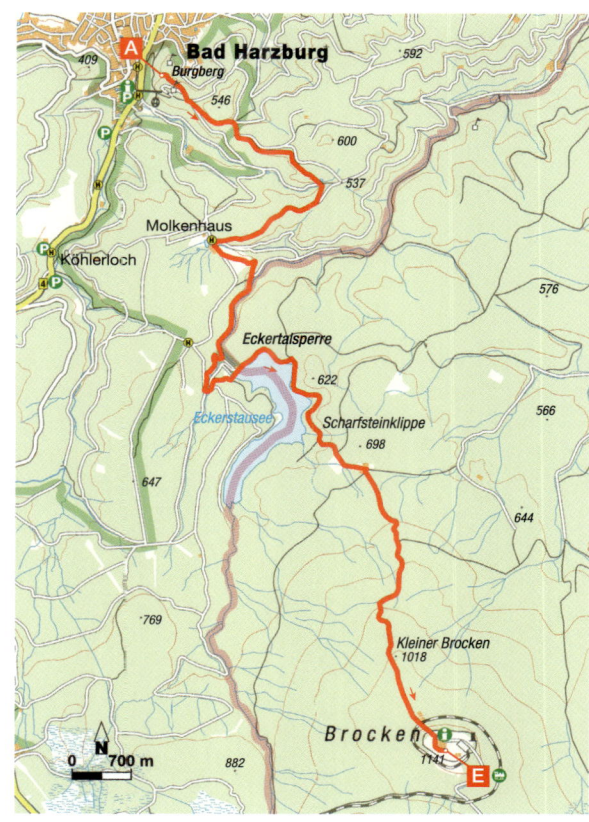

61 HEINRICH-HEINE-WEG ZUM BROCKEN

62 RUND UM BLANKENBURG

DER OSTEN

96 DAS BODETAL VON ALTENBRAK NACH THALE

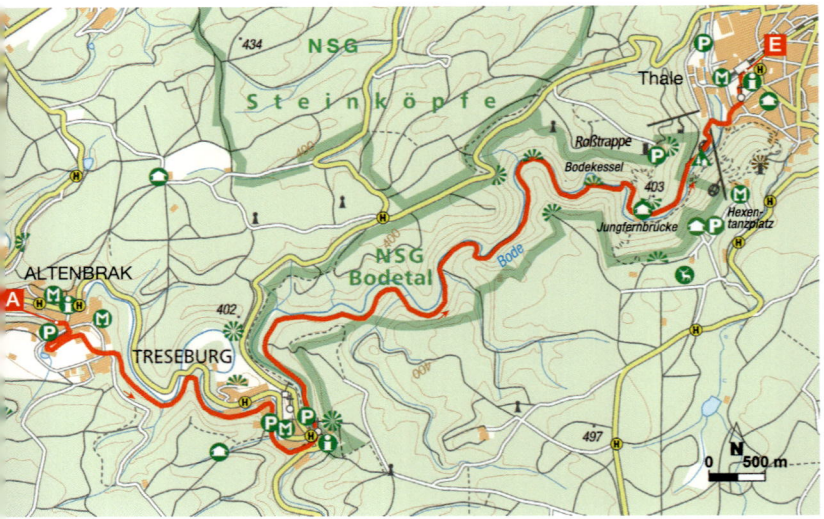

97 VOM THYRATAL BIS STEIGERTHAL

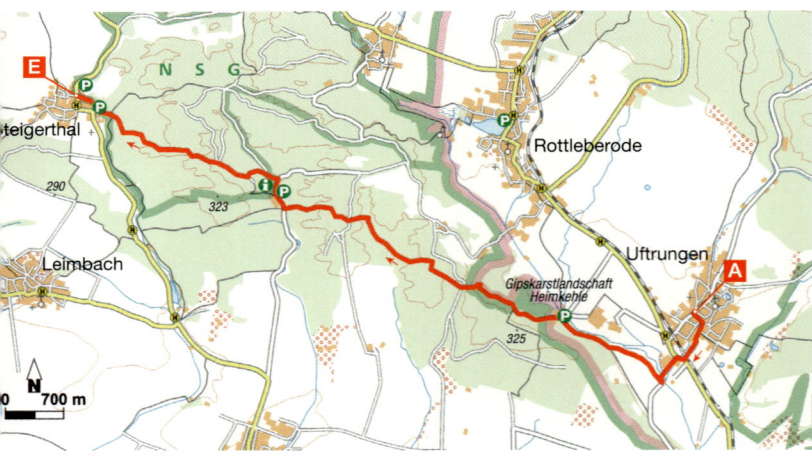

98 VON ALEXISBAD BIS BURG FALKENSTEIN

99 VON LUTHERSTADT EISLEBEN NACH MANSFELD

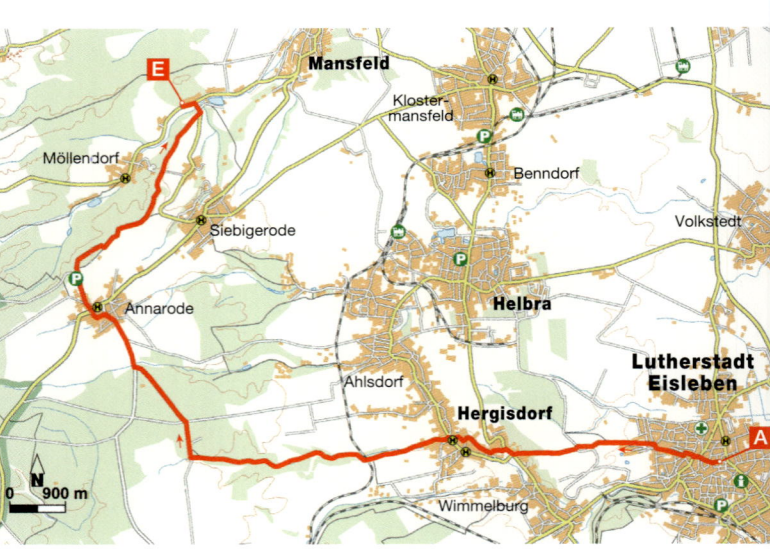

DER SÜDEN

128 VON BAD SACHSA ZUM RAVENSBERG

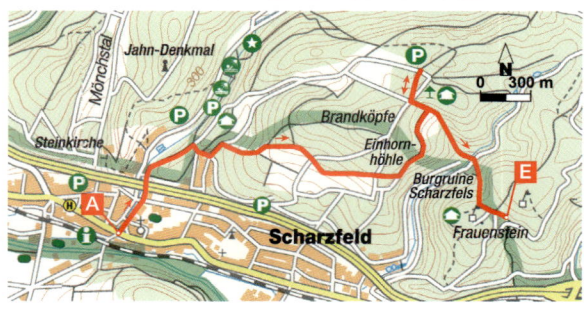

127 VON BAD LAUTERBERG ZUM ODERSTAUSEE

129 VON SCHARZFELD ZUR EINHORNHÖHLE

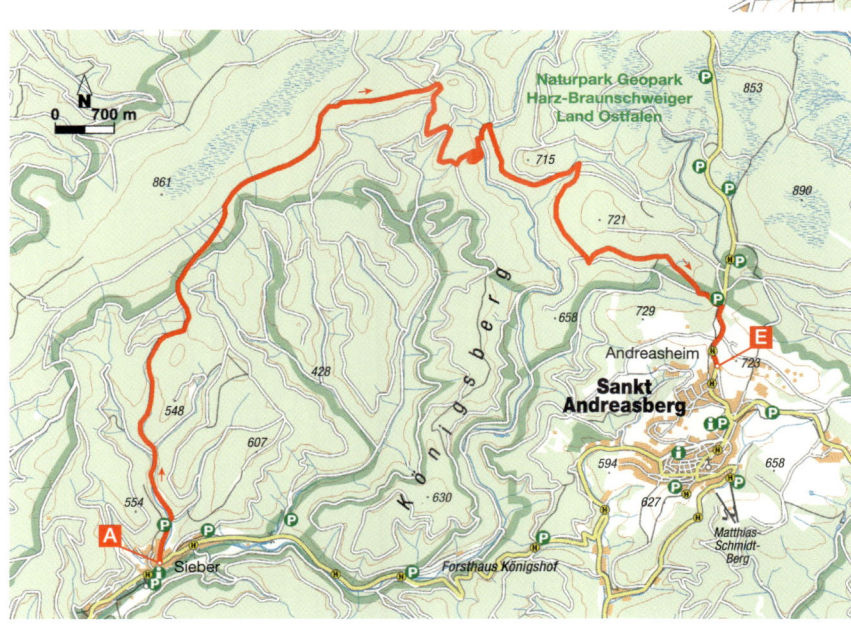

130 VON SIEBER BIS SANKT ANDREASBERG

DER WESTEN

159 ZUM POLSTERBERGER HUBHAUS

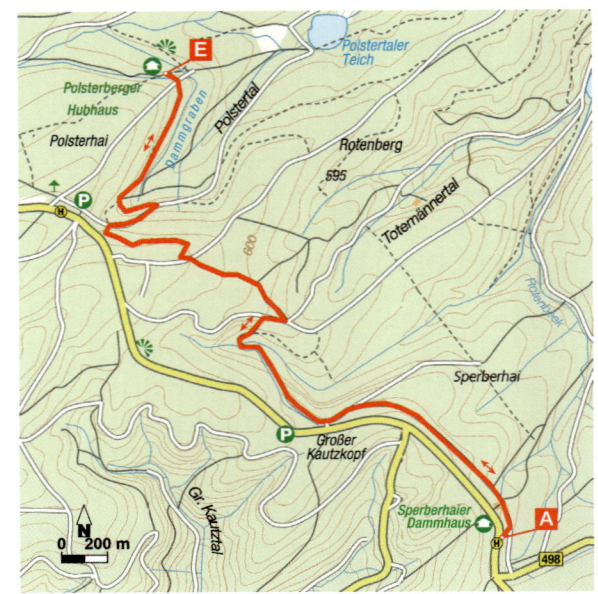

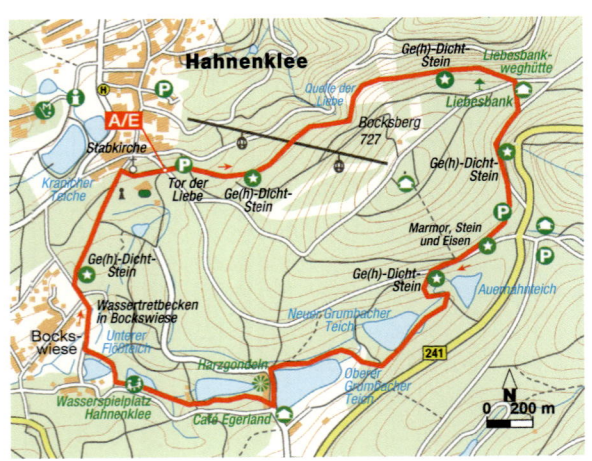

160 DER LIEBESBANKWEG IN HAHNENKLEE

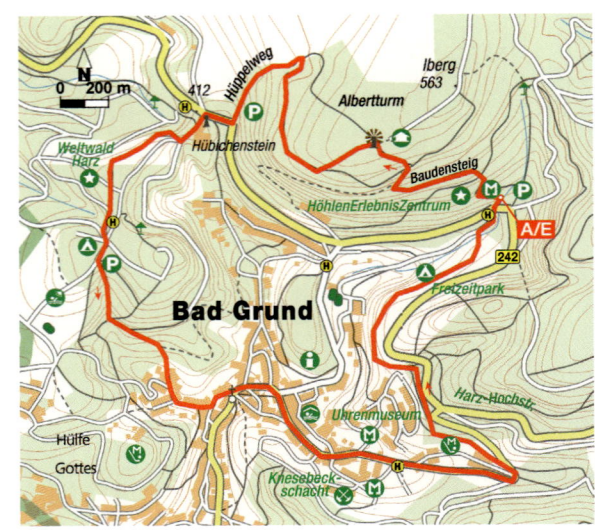

161 BAUDENSTEIG UND WELTWALD

162 DER STEINWAY-TRAIL

REGISTER

Wo die Hexen tanzen – der
Platz dazu liegt hoch über
Thale und ist eines der
Top-Ziele im Harz.

BILDNACHWEIS

Alle Fotos im Innenteil stammen vom Autor, außer: Alberti-Lift GmbH: S. 29; Andreas Keuchel/Alamy/mauritius images: S. 91 o.; Andreas Werth/mauritius images: S. 45 o.; Anne Hasselbach/Stiftung Luthergedenkstätten in Sachsen-Anhalt: S. 95 o.; Anton_Ivanov/shutterstock: S. 39 o.; Arne Bramsen/shutterstock: S. 158 o.; ArTono/shutterstock: S. 61, 72 o.; Bergwerks- und Geschichtsverein Wildemann E.V.: S. 144, 145 o.; Bildagentur Zoonar GmbH/shutterstock: S. 57 u., 88, 97 u., 122, 145 u.; Bildarchiv Monheim GmbH/Alamy/mauritius images: S. 107; Bode_ricok/shutterstock: S. 2/3 u.; braunlage.de: S. 23 u., 23 o.; Chris Seba/mauritius images: 110; Christoph Keil/Echter Nordhäuser Traditionsbrennerei: S. 102; Claudiovidri/shutterstock: S. 41 o.; Copula/shutterstock: S. 113 u.; Cornelia Pithart/shutterstock: S. 127 u.; Dave Derbis/mauritius images: S. 96 u.; Dietrich Kühne (dk2194): S. 150, 151 u. l., 151 u. r.; Dr. Ralf Nielbock: S. 118, 119; DS_93/shutterstock: S. 89 o.; Dugdax/shutterstock: S. 3 l.; DZiegler/shutterstock: S. 13 o.; Fokke baarssen/shutterstock: S. 17; footageclips/shutterstock: S. 60; Fremdenverkehrsverein Bergstadt; Lautenthal/Oberharz e.V.: S. 142, 143 u., 143 o.; Gargantiopa/shutterstock: S. 120 u.; Gemeinde Südharz: S. 86; geogif/shutterstock: S. 45 u., 69 o., 72 u.; Gestur Gislason/shutterstock: S. 157 u.; Grube Samson: S. 26 u. l.; Günter Jentsch/Höhlenerlebniszentrum: S. 146, 147 o., 147 u.; Günter Jentsch, ZisterzienserMuseum Kloster Walkenried: S. 106; Harald Lueder/shutterstock: S. 94; Horst Bingemer/shutterstock: S. 138; HTHphoto/Alamy/mauritius images: S. 26/27, 128, 132, 133 o.; I. Rottlaender/shutterstock: S. 75 o., 75 u., 135; imageBROKER/mauritius images: 43 u., 50, 71 o., 98, 131 o., 136; Ina Meer Sommer/shutterstock: S. 24, 34 u., 59, 64, 65 o.; IURII BURIAK/shutterstock: S. 93 o., 152/153; Jan Reichel/Tropfsteinhöhlen Rübeland/www.harzer-hoehlen.de: S. 79; Jens Hauspurg/Pressestelle der Stadt Nordhausen: S. 100 o.; Jon Chica/shutterstock: S. 36; Julie g Woodhouse/Alamy/mauritius images: S. 51 u.; Jürgen Meusel: S. 78 o.; Jürgen Meusel/Tourismusbetrieb der Stadt Oberharz am Brocken: S. 78 u.; K I Photography/shutterstock: S. 4/5; Karin Thom/Rosenstadt Sangerhausen GmbH: S. 90 l., 91 u.; Katja John: S. 123 o.; Klaus Neuner/mauritius images: S. 43 o.; Kuttig Travel/Alamy/mauritius images: S. 73; LianeM/shutterstock: S. 51 o., 56, 57 o., 85 o., 89 u.; Luftfahrtmuseum Wernigerode: S. 14 u.; lunamarina/shutterstock: S. 85 u., 87 o., 87 m. r.; Marc Gilsdorf: S. 22; Matthias Bein: S. 15 o.; Mattis Kaminer/shutterstock: S. 54; Max Topchii/shutterstock: S. 28; McPhoto/Pulwey/Alamy/mauritius images: S. 109 o.; Novarc/mauritius images: S. 53, 104/105; ohenze/shutterstock: 35 u.; Ole Anders: S. 46; Park und Garten GmbH Wernigerode: S. 14 o.; Pecold/shutterstock: S. 62; Peter Lehner/mauritius images: S. 68; Pressestelle der Stadt Nordhausen: S. 100 u., 101 u.; Pressestelle der Stadt Nordhausen: S. 101 o.; R_Pilguj/shutterstock: S. 63; Raiko – Bild in motion/shutterstock: S. 74; Raimund Linke/mauritius images: S. 151 o.; Ralf Wiegmann: S. 156; Regine Poirier/shutterstock: S. 93 u., 104/105; S-F/shutterstock: S. 41 u., 58; Sebastian Grote/shutterstock: S. 66, 81 u.; sergeklein/shutterstock: S. 126; smiley27/shutterstock: S. 111 o.; Stadtmarketing Bad Lauterberg: S. 115 u., 116, 117 o., 117 u.; Stadtmarketing Seesen eG: S. 154 u. r., 155 o., 155 u., 158 u.; Stefan Dinse/shutterstock: S. 10, 32/33; Stefanie Krüger: S. 76, 166; Thorsten Bock/shutterstock: S. 49; Tourist-Information; Gemeinde Südharz: S. 84 l., 87 u.; Traveling Steph/shutterstock: S. 113 o.; travelpeter/shutterstock: S. 112; travelview/shutterstock: S. 92; Uwe Brennecke: S. 157 o.; Uwe Epping: S. 47; Werner Otto/Alamy/mauritius images: S. 48, 109 u.; Wernigerode Tourismus GmbH: S. 12, 15 u.; Zoonar GmbH/mauritius images: S. 124/125

Umschlagvorderseite: Wanderer im Harz (Bernd Jonkmanns/laif)

Klappe vorne: oben: Luftbild von Goslar (S-F/shutterstock), Mitte: Harzer Hexen (ArTono/shutterstock), unten: Sösestausee (mauritius images/Panther Media GmbH/Alamy)

Umschlagrückseite: o. li.: Altstadt Halberstadt (Bildagentur Zoonar GmbH/shutterstock), o. re.: Kyffhäuserdenkmal (msgrafixx/shutterstock), u. li.: Eckerstausee (Ina Meer Sommer/shutterstock), u. re: Quedlinburg (ArTono/shutterstock)

IMPRESSUM

Verantwortlich: Stefanie Krüger
Lektorat: Dr. Gotlind Blechschmidt
Layout: Reemers Publishing Services GmbH
Covergestaltung: Ralph Hellberg
Repro: LUDWIG:media
Kartografie: Bruckmann Verlag GmbH, Heidi Schmalfuß
Herstellung: Alexander Knoll
Printed in Slovenia by Florjancic

Sind Sie mit diesem Titel zufrieden? Dann würden wir uns über Ihre Weiterempfehlung freuen. Erzählen Sie es im Freundes-kreis, berichten Sie Ihrem Buchhändler oder bewerten Sie bei Onlinekauf. Und wenn Sie Kritik, Korrekturen, Aktualisierungen haben, freuen wir uns über Ihre Nachricht an: Bruckmann Verlag, Postfach 40 02 09, D-80702 München oder per E-Mail an: lektorat@verlagshaus.de.

Unser komplettes Programm finden Sie unter 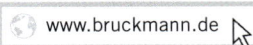 www.bruckmann.de

Die Deutsche Nationalbibliothek verzeichnet diese Publikation in der Deutschen Nationalbibliografie; detaillierte bibliografische Daten sind im Internet über http://dnb.d-nb.de abrufbar.

© 2019 Bruckmann Verlag GmbH, München

ISBN 978-3-7343-1564-0